中国語実況講義

音声ダウンロード方式

橋本陽介 著

東方書店

はじめに

本書は、

本気でマスターを目指す独学用教科書

懇切丁寧な参考書

充実した練習問題

の三つの機能を果たすべく設計された中国語教材です。これから学習を始める人はもちろん、学校等で学習している方も、副教材として手元に置いておいて便利で、かつたくさんの練習をこなせるようになっています。

●これまでになかった親切設計

私はこれまで、数多くの外国語を独学で学んできました。その過程で、たくさんの独学用テキストを使用しました。その経験を踏まえ、「こんな工夫があったらいいのに！」というアイディアを多数盛り込んでいます。

1、音声の充実

本書は音声編、本文編、解答編からなります。音声編では、日本人が間違えやすい発音を中心に記述するほか、本文編を学習中に参照しやすいように整理してあります。

本文編では、**文法解説の例文にまで音声をつけました**。多くの初級用外国語教科書では、スキット以外の部分には音声がついていないため、実際どのように発音するのかよくわからないことが少なくありません。本書ではその問題を解決します。

2、練習問題も音声で出題

　従来、独学用テキストの練習問題は、和文中訳、並べ替えなどが多数を占めていました。しかし、これでは話せるようになりません。つい文字に頼ってしまうからです。本書では、練習問題をすべて音声で出題し、すべて音声によって答えるようにしています。これによって、**独学テキストでありながらスピーキングの練習ができるようになっているのです。**

　しかも、練習をこなすことによって、脳内に中国語のフォーマットができるように考えてあります。

3、マスターに向けた細かい配慮

　一般的に初級用教科書では、内容を詰め込むために同じ単語や文型は何度も使いません。このため、学習済みの単語や文型は、前の課に戻って復習する必要があります。しかし、多くの学習者は、先に進みたいという願望を抱きます。そこで本書では、特によく使う単語が何度も出てくるように工夫しました。これによって、**前に進みながら復習もできてしまうようになっています。**

4、使うことを意識したかゆいところに手が届く文法解説

　一般的な授業や、独学用テキストなどで、多くの人が疑問に思う点などに一歩踏み込んだ実践的文法解説を施しました。表現することを意識した文法解説を行います。

　本書一冊で、中国語の基本的な事項をひととおり学習できるようになっています。ぜひ、最後までやり通してください。

目 次

語彙ワンポイント　①"努力"②"坏了"と"弄坏了"
文法　①離合詞 ②使役表現"让"③仮定の表現"如果～就"④呼応表現
練習問題

コラム

音声について

・音声（MP3 形式）は東方書店ホームページからダウンロードできます。

① https://www.toho-shoten.co.jp/jbook/download.html にアクセス
（トップページから「音声ダウンロード」をクリックしてもアクセスできます）

②『中国語実況講義』の GO DOWNLOAD をクリック

③外部サイト（https://ebook-viewer.jp/）へ移動しますので、
ダウンロードキー　9801162852　を入力して
OK をクリックしてください

④「クリックでダウンロード開始」をクリックすると、
音声データ（MP3 形式）を ZIP 形式でダウンロードします
解凍して音楽再生ソフトなどに 取り込んでご利用ください

＊ ZIP 形式につき、スマートフォンやタブレット端末でダウンロードするに
は、解凍ソフトが必要です。

音声編

はじめに

●中国語の音は難しい？

「中国語の発音は難しい」という話をよく聞きます。中国語の初級は最初、長いこと発音の練習ばかりやるのが普通で、この段階でうんざりしてしまう学生も少なくありません。確かに中国語の発音は簡単ではありませんが、ここで発想の転換をしましょう。

中国語は発音だけが難しい。

これから勉強していくように、中国語の文法は日本人にとって簡単です。また、中級以上になると単語と表現の数を増やしていくことが重要になりますが、日本人は漢字の意味がわかるため、最初から意味のわかる単語が非常に多いのです。**初級の段階で音をきちんと覚えることができれば、中国語はあっという間にできるようになります。**逆に、音をないがしろにすると、いつまでたっても上達しません。

中国語の発音は難しいといいますが、安心してください。きちんと方法を勉強すれば、すぐにできるようになります。本当は英語だって、他の言語だって発音は難しいのです。日本の語学教育は長らく音声を無視して、文字の暗記ばかりしていただけなのです。

そうは言うけど、発音編が長すぎる。とりあえずいろいろ表現したい。

という気持ちもよくわかります。

そういう方は、完璧にしなくてもかまわないので、音声編を一通り把握してから本文編に進んでください。その上で、本文で出てくる単語の発音方法を、

この音声編に戻って確認する方法でも問題ありません。きっちり音声を学習しようという意欲のある人も、ある程度のところで切り上げて本文編に進みましょう。随時、本文編と音声編を対照させて学習を進めていきましょう。

　すでに中国語をある程度学習したけれども、うまく発音できない人、もしくはピンインのシステムが複雑で覚えられない人などは、ぜひこの音声編の記述を読んでください。整理してあるので、理解しやすくしてあります。

●中国語発音の見取り図

　現代中国語の発音は、アルファベットを使って表します。このアルファベットの発音記号のようなものをピンイン（漢字では**拼音**と書きます）と呼びます。ピンインは一見するとたくさん数があるため、初めて学ぶ人は怖気づいてしまうかもしれません。**複雑なものを覚えるには、整理して覚えるのが得策です。**

　まず、中国語の母音には、次の三種類があります。

(1) 単母音　a, o, e, i, u, ü (, er)　…… 第 1 課
(2) 複母音　ai, ao, iu, ou 他　…… 第 2 課
(3) 鼻母音　an, ang, en, eng 他　…… 第 2 課

　まず、基本中の基本、それが**単母音**です。単母音には a, o, e, i, u, ü の六種類があります（er を加えると七種類）。中国語の母音は日本語の母音と音色が大きく違うので、まずはこれらの音をきちんとマスターしましょう。次に、**複母音**というのがあります。これは単母音を組み合わせたものと考えればいいので、単母音ができるようになれば、複母音もそう難しくありません。そして三つ目に、**鼻母音**というのがあります。これは鼻にかけて発音するタイプの母音です。

中国語の音節は、これらの母音に、一つの子音がつくことによって構成されます。中国語の子音は 21 個もあります。これも整理すると、次のように**六つのグループ**にわけられます。

	無気音	有気音	鼻音	摩擦音	流音
(1) 唇音	b	p	m	f	
(2) 舌尖音	d	t	n		l
(3) 舌根音	g	k		h	
(4) 舌面音	j	q		x	
(5) そり舌音	zh	ch		sh	r
(6) 舌歯音	z	c		s	

同じグループに分けたものは、発音の仕方が似ているので、セットにして覚えましょう。たくさんあるように思いますが、グループに分けると六個だけです。また、子音は日本語とほぼ同じものも少なくありませんから、恐れるに足りません。

ただ、b, p, m, f や d, t, n, l のように、ほとんどアルファベット通りに読んでいい子音と、q や x のようにそうではない子音があります。注意すべきところを特に覚えるようにしましょう。

さて、中国語の音節は、基本的に一つの子音と一つの母音（単母音、複母音、鼻母音）からなりたちます。英語のように子音がいくつも連続で出てくるようなことはありません。

中国語にはさらに、声調というものがあります。この声調がとても大切で、正確でないと通じない上に、初学者のうちは暗記も簡単ではありません。この声調のリズムをつかめるようになれば、中国語力は飛躍的にアップするでしょう。

つまり、中国語の音節構造は

| 子音 | + | 母音 | + | 声調 | → | 一つの漢字 |
| m | | a | | 三声（ˇ） | → | 馬 (mǎ) |

という形をしています。それでは、まず声調と単母音から学習していくことにしましょう。

第1課　声調と単母音

●声調とは？

中国語には四声と呼ばれる四つの声調（トーン）があります。まずは音を聞いてみてください。

A001

第一声　妈（お母さん）

第一声は、高く伸ばす音です。日本人は伸ばさず、後半を適当に発音してしまうので、長く伸ばすことを意識しましょう。

第二声　麻（しびれる）

麻婆豆腐のマーです。二声は低いところから初めて、高く上げる音です。イメージとしては、チンピラが喧嘩を売るときに「アー？」というようなリズムです。日本語ではあまりこのトーンは使わないので、苦労する人も多いと思います。後半を上げるためには、起点を低くすることが重要です。多くの初学者は起点が高いため、それ以上上昇させることができません。

第三声　马（馬）

三声で読むと、馬という意味になります。ブレス記号のような形をしていますので、真ん中くらいから初めていったん下げて、また上昇させる音です。しかし、**最後に上昇させることは考えないでください。とにかく低く低く下げる、これ以上下げられない、というくらい下げること**を意識してください。

目いっぱい下げれば、次の音に移る際に自然と少し上昇するので、その点は

6

気に掛ける必要はありません。

第四声 mà 骂 (罵る)

四声で読むと、「罵る」という意味になります。四声は難しくありません。高いところから初めて、急降下させる音です。

このように、同じ ma の音であっても、声調を変えることによって意味が変わります。次の文を聞いてみましょう。

A002

Māma qí mǎ,　mǎ màn,　māma mà mǎ.
妈妈 骑 马，马 慢 ，妈妈 骂 马。
(お母さんが馬に乗ったが、馬が遅かったので、お母さんは馬を罵った)

みごとに ma ばかりの音になっていますね。

📑 **練習問題**

ma の音を一声から四声まで発音してみましょう。その際、自分の音を録音し、見本の音と聞き比べてください。自分の発音とどう違うか意識するのが、上達への道です。

●単母音

　続いて、単母音の練習をしていきましょう。

　母音とは簡単にいえば肺から上がって来た息を妨げることなく外に出す音です（子音の説明と対照させてください）。音色は口の開き具合、舌の位置の高低および前後、唇を丸めるか丸めないかなどで決まります。音を聞いて真似できるのは子供のうちだけなので、大人の学習方法としては、口をどう動かせばどういう音がでるのか、意識できるようにしましょう。そうすれば中国語以外の言語もきれいに発音できるようになりますし、聞き取り能力もアップします。

　まず、比較のために普段の日本語をどう発音しているのか、口の動きを意識してみましょう。「アエイ」と言ってみてください。舌の位置はどうなっているでしょうか。「ア」を発音している時、もっとも口が開き、舌の位置は低いところにあります。続いて「エ」を発音すると舌が少し高く、少し前に出ます。「イ」の音では、口がさらに閉じ、舌がさらに高くなりますが、意識できますか？

　これが意識できたら、「アエイ」に続いて「ウオ」と続けて発音してみてください。「イ→ウ」に移るとき、舌を後ろに引いて発音していることがわかりますね。さらに、「オ」を発音しようとすると、自然と口を開いて（あごをさげて）舌の位置を低くしているはずです。これを図で表すと以下のようになります。

　これを踏まえて中国語の母音を日本語と比較しながら練習していきましょう。

　中国語の単母音は a, o, e, i, u, ü の六つが基本で、特殊なものに er があります。すべての発音について言えますが、**最初のうちは口を普段より大きく動かして練習しましょう。**ボソボソと発音しては口の動かし方を覚えられません。

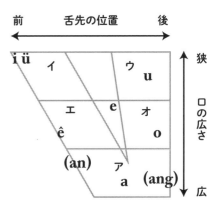

a 日本語の「ア」で代用しても通じますが、中国語の方が喉を開くイメージです。喉を開くとは、風邪をひいたときにお医者さんに行って喉の奥が赤いかどうか見られるときに、金属のヘラのようなもので舌を押さえつけられますが、極端に言えばその時の口の形です。それぞれ声調をつけて聞いてみましょう。日本語では後半をあいまいに発音する傾向にありますが、中国語では声調があるので、**必ずきちんと最後まで音を持続させなければなりません。**

A003
ā　　á　　ǎ　　à

o (wo) o の音は、日本語の「オ」とはかなり違う音です。中国語の o はどちらかというと a に近い o です。つまり、日本語より口を開け、喉を開きます。子音 b をつけて聞いてみましょう。

A004
bō　　bó　　bǒ　　bò

なお、o は子音が何もつかない時、wo と書きます。この表記からもわかる通り、中国語では単母音の o だけを発音するということはありません。この場合、u と o を連続で発音します（→第2課　複母音）。

A005
wō　　wó　　wǒ　　wò

e 単母音の e は、「エ」とは全く異なる音で、うめき声のような音です。

A006
ē　　é　　ě　　è

`i (yi)` 日本語「イ」と大差はありませんが、必ず口を緊張させましょう。口を真一文字に強く横に開き、「イー」と発音します。子音がつかない場合には yi と書きます。

A007　　　　yī　　　yí　　　yǐ　　　yì

`u (wu)` 日本語の「ウ」とは大きく違います。中国語の u は口を丸め、前に突き出して発音します。日本人の耳には、「オ」にも近く聞こえる音です。日本語の「ウ」は唇を丸めないので、**初学者は u が出てきたら、必ず口が丸まって突き出ているか、意識してください。**いい加減に発音するとすぐ日本語の音になります。子音が何もつかない場合には wu と表記します。

A008　　　wū　　　wú　　　wǔ　　　wù

`ü (yu)` これも日本語にはない音です。日本語の「イ」と「ユ」の中間の音です。まず日本語で「ユ」と言ってみてください。そして、その「ユ」を発音したままの口の形を動かさないようにしましょう。その口のままで、「イ」を発音するつもりで発音すると、この音になります。

A009　　　yū　　　yú　　　yǔ　　　yù

er 　教科書によっては、e を発音したと同時に舌を巻くと書いてあるものもありますが、それでは間に合いません。最初から舌を巻いて、「ア」というイメージです（→第3課　-r 化）。

ēr　　ér　　ěr　　èr

A010

　以上が声調と単母音です。本文編の練習に入っても、こちらに戻ってきて発音の仕方を確認しましょう。

●複母音

　　複母音には母音が二つ重なったものと、三つ重なったものがあります。発音のコツは、一つずつの母音をきちんと発音することです。日本人は母音が二つの場合には後ろを適当に発音し、三つ重なる場合には前後を適当に発音してしまう癖があります。必ず一つ一つ発音する意識を持ちましょう。

A011　　 āi　éi　ǎo　òu

A012　　iǎ (yǎ)　iè (yè)　uā (wā)　uǒ (wǒ)　üē (yuē)

A013　　iāo (yāo)　ióu (yóu)　uài (wài)　uěi (wěi)

　　（カッコ内は子音がつかない場合）

　　基本的には、単母音を組み合わせればいいのですが、e の音は例外になるので注意してください。複母音では e の音は日本語の「エ」に近い音になります。

●鼻母音

　　最後に -n か -ng が来る母音を鼻母音と言います。-n で終わる音は、舌先を歯茎の裏に付けて発音します。一方、-ng で終わる音の場合、舌を下げたままで、喉の奥のほうに力を入れ、鼻に息を抜くイメージで発音します。日本語ではこの両者を区別しませんので、意識が必要です。例えば、**「アンナイ」と言おうとして、「ナ」と発音する直前で発音をやめてみてください。**舌先は歯茎の裏にあるはずです。この位置が -n で終わるときの下の位置です。一方で、**「アンガイ」と言おうとして、「ガ」の直前で止めてみてください。**この時の舌の位置は先ほ

どと異なり、下にあるはずです。これが -ng を発音するときの位置です。

　-ng の時は鼻に息を通して発音するイメージと言いましたが、口を閉じて「んー」と言ってみてください。鼻が震えているのがわかりますか？　そのまま鼻をつまめば音を出せなくなります。-ng のつく母音では、必ずこのように鼻に息を通して出す音を加えます（実際の音では口は閉じませんが）。まず、似た鼻母音をペアで聞いてみましょう。

🎧 A014

$$\left\{ \begin{array}{l} \text{ān} \\ \text{āng} \end{array} \right. \quad \left\{ \begin{array}{l} \text{ēn} \\ \text{ēng} \end{array} \right. \quad \text{ōng}$$

　音の違いはわかりますか。an の a は ang に比べると「エ」に近くなります。ang の方は、「オ」に近く聞こえるのがわかるでしょうか。en と eng の違いは比較的わかりやすいでしょう。en の方が「エン」に近いのに対し、eng は「アン」に近い音になります。ang と eng は非常によく似た音で、特に北方の中国人の場合、ほとんど同じに発音している人もいます。この両者の違いが難なくわかるのはかなりレベルが上がってからになりますので、神経質にならなくて結構です。

🎧 A015

$$\left\{ \begin{array}{l} \text{iān (yān)} \\ \text{iāng (yāng)} \end{array} \right. \quad \left\{ \begin{array}{l} \text{īn (yīn)} \\ \text{īng (yīng)} \end{array} \right. \quad \text{iōng (yōng)}$$

ian と iang では明らかに音が違います。ian は「イエン」と「イアン」の中間音ですが、どちらかというと「イエン」に聞こえます。iang ははっきり「イアン」です、しっかり鼻に息を通してください。in と ing の違いは日本人にとって最も聞き取りにくい発音です。in の方がはっきりと「イ」ですが、ing の方が舌を引っ込める関係であいまいになります。なお、i は子音がつかない場合には y と書きます。

> **(参考)**
> 何故 ian は「イエン」に近い音になるのでしょうか。基本的には先ほどと同じですが、ian の場合、i は舌が高いところにあり、n も舌が高いところ来ます。ところが a の音は舌が一番低いところにある音なので、ian を連続で出すのは難しいのです。この影響で a のところで舌の位置が下がりきらない結果、e に近い音になります。

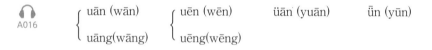

$$\left\{ \begin{array}{l} \text{uān (wān)} \\ \text{uāng(wāng)} \end{array} \right. \quad \left\{ \begin{array}{l} \text{uēn (wēn)} \\ \text{uēng(wēng)} \end{array} \right. \quad \text{üān (yuān)} \quad \text{ǖn (yūn)}$$

uan と uang の音の違いは微妙です。-n で終わるときには舌先を歯茎につけることを意識しましょう。

uen と ueng は音がかなり違います。uen の -e- は「エ」に近い音であるのに対して、ueng の -e- は単母音の e に近くなります。

●発音の注意点

1 複母音、鼻母音の注意点

日本人は -ie や -ian など、-i- で始まる複母音、鼻母音の時、-i- が弱くなってしまいます。必ず注意しましょう。例えば中国語で「ありがとう」は何というでしょうか？　漢字とピンインでは次のように書きます。

A017　谢谢　xièxie

　　子音については次の課で学習しますが、母音は ie なので、「シィエシィエ」に近い音になります。ところが中国語を知らない人はよく「シェーシェー（もしくはシェイシェイ）」と言っています。**後ろの -e につられてしまう**のです。必ず口を横に引いて -i- を発音してから -e です。忘れないようにしましょう。次の例もみましょう。

A018　天　tiān

　　中国人が発音する音と日本人が発音してしまいがちな音を並べました。日本人は i をあいまいにしてしまいがちなので、「テン」という音になってしまいます。必ず「ティエン」です。小さい「ィ」を意識することが大切です。
　　同様に、-uan などの音も苦手な人が多いです。何が悪いかと言うと、最初の u が適当な発音になりがちなのです。単母音で説明した通り、u は口をすぼめて前に出す音ですが、注意しないとすぐ丸めなくなってしまいます。例えば次の字の発音を見ましょう。

A019　关〔関〕　guān

　　「関」という字は日本語でも歴史的仮名遣いでは「クワン」と書きます。もともと u の音を発音しようとしていたのですが、日本人には苦手だったのか、「カン」と発音するようになってしまいました。現代日本人も、注意しないとすぐに「カン」になってしまいます。「クァン」ときちんと u を唇を丸めて言う意識、それが大切です。

2 -iu, -un, -ui

　複母音の -iou は、真ん中の -o- が弱くなるため、ピンイン上は -iu と書きます。同様に、-uen は真ん中の -e- が弱くなるので、-un と書きます。-uei も真ん中の -e- が弱くなるので、-ui と書きます。**逆に言うと、-iu と書いてあるものは真ん中に小さい -o- が入ります。**-un, -ui は真ん中に小さい -e- が入ります。次の例で覚えましょう。

jiǔ（九）　　liù（六）　　cūn（村）　　tuī（推）

　jiǔ は「ジュウ」ではなく、「ジョウ」という音です。liù は「リュウ」ではなく、「リョウ」、cūn は「ツン」ではなく「ツェン」、tuī は「トゥイ」ではなく「トゥェイ」に近い音になります。

16

第 **3** 課　子音

　　母音とは、肺から上がってきた空気を妨げることなく発音する音でした。このため、連続で発音することができます。一方、子音は必ずどこかで空気の流れを妨げ、それを開放することによって音をつくります。このため多くの子音は連続で発音することができません。

　　中国語の子音は、その気流を妨げる位置で次の六つのグループに分けられます。覚える時には必ずグループごとに覚えましょう。

	無気音	有気音	鼻音	摩擦音	流音
(1) 唇音	b	p	m	f	
(2) 舌尖音	d	t	n		l
(3) 舌根音	g	k		h	
(4) 舌面音	j	q		x	
(5) そり舌音	zh	ch		sh	r
(6) 舌歯音	z	c		s	

(1)唇音　b-　p-　m-　f-

　　まず日本語で「ババパマ」と言ってみましょう。すべて同じような発音の仕方をしています。唇をいったんくっつけて息をストップし、それから開放して出す音です。

　　ただし、中国語の b- と p- は日本語の「バ」行と「パ」行とは若干異なります。まず、b- は濁音ではありません。**現代中国語には濁音と清音の対立が存在していないのです。**だから b- も p- もカタカナ上はパ行になります。ではこの両者はどう違うのでしょうか？　**b- を無気音、p- を有気音**と呼びます。中国語には他にも、この無気音と有気音の対立が何ペアか存在しています。

　　では有気音、無気音とはどう違うかと言うと、「気」、すなわち「空気」を強

く出すかどうかの違いです。実際の音を聞いてみましょう。

A021　　　　bō　　　pō

　p- の方が空気を破裂させているのがわかると思います。強く息を出すイメージです。b- の方は息をおさえます。実のところ、慣れるまでは日本語のバ行の音でも通じます。「b- は濁音ではない」という説明を重視しすぎると、かえって p- との区別がわからなくなっている人がいるので、あまり意識しなくていいと思います。むしろ **p- のような有気音の時にしっかり破裂させるのが大切です。**
　続いて m- と f- を聞いてみましょう。

A022　　　　mā　　　mài　　　mǎn
A023　　　　fǎ　　　fēi　　　fàn

　m- は日本語のマ行の子音とまったく同じと考えていいので簡単です。一方、日本人が発音できないのが f- です。日本語のファフィフフェフォではありません。必ず前歯で下の唇を噛むようにして、フーという摩擦音を作ります。この摩擦の音がないとダメです。大半の初学者はすぐにファフィフフェフォになってしまいます。注意しましょう。

A024　　　　bā pá mǎ fà　　bù pú mǔ fū　　bǒ pò mō fó
　　　　　　bēi pèi méi fěi　　běn pēn mén fèn
　　　　　　béng pěng mèng fēng

(2)舌尖音　d- t- n- l-

日本語で「ダタナラ」と発音してみましょう。どこで発音しているでしょうか。歯茎の裏に舌先をつけ、それを開放するときに出る音です。d と t は先ほど説明した無気音と有気音の違いです。d では息をあまり出さず、t では強く出します。d はダ行で代用してもとりあえず大丈夫ですが、t は日本語のタ行より強く息を出すことを心がけましょう。n は日本語とほぼ同じです。l は英語の l に近い音です。日本語のラ行とは少し違いますが、代用しても通じます。

A025

dé tè né lè　　dá tà nǎ lā　　duì tuī nèi lěi

dòng tōng nóng lǒng　　dèng tēng néng lěng

dǎn tán nān làn　　dǎng táng nāng làng

　　＊ dui tui は -ui の u と i の間に小さい -e- が入るのでした。注意しましょう。

(3)舌根音　g- k- h-

日本語で「ガカハ」と言ってみればわかりますが、舌の位置は下にあり、口の奥のほうで出す音です。中国語の g- と k- は日本語のカ行に近い音で、g- が無気音、k- が有気音です。g- はとりあえず濁音でもかまいません。h- は日本語より息を強く出すイメージですが、口の奥のほうで出すため、ネコが喉を鳴らすような音が聞こえることがあります。特に he の時はそうです。よく聞いてみてください。

A026

gē kě hé　　gài kāi hái　　guǐ kuī huì

gùn kǔn hūn　　gān kàn hán　　gāng kàng háng

gēn kěn hèn　　gěng kēng hèng

　　＊ gui kui hui の -ui も間に -e- が入ります。-ui の場合はすべて同じです。
　　　 gun kun hun のように -un の場合にも間に小さい -e- が入るのでした。

(4)舌面音　j- q- x-

　j- はだいたい想像通りの音です。q- と x- はこのアルファベットからは想像できない音になるので最初は要注意です。j-、q-、x- の次に来るのは **i か u、もしくは i か ü で始まる複母音・鼻母音のみです。**ü は i と u の中間の音なので、実質的に必ず i が来ると思っていいかもしれません。なお、j-、q-、x- の後に来る -ü は二つの点を取って -u と書きます。ju とあったら、jü だと思ってください。

A027

jī qí xǐ　　jiá qiā xià　　jiě qiē xié

jú qǔ xū　　jué què xuě

(5)そり舌音　zh- ch- sh- r-

　これまで見てきた子音はそれほど難しくありません。最難関はこのそり舌音と呼ばれている音です。そり舌と書いてあるせいか、英語の r- のように舌を大きく巻いてしまう人がいるのですが、それでは巻きすぎです。この音をきれいに作るためには、まず舌で上の顎をなぞってみてください。すると、途中で大きく陥没しているところがあるのに気が付くと思います。その陥没しているあたりのところに舌をくっつけます。そのまま、その舌と上あごの間にむりやり空気を通そうと「チー」というような摩擦音ができます。そり舌音のコツはこの摩擦の音をつくることです。この口の形で摩擦を作りながら「ジ、チ、シ、リ」と言います。

A028

zhī chí shǐ rì　　zhá chà shā　　zhū chù shǔ rú

zhái chāi shài　　zhǒng chòng róng

(6)舌歯音　z- c- s-

　これらの音は、発音自体は難しくありませんが、ローマ字と異なる読み方を

することがあるので注意です。z- と s- はローマ字のイメージで読んで OK で c- はおよそ「ツ」に相当します。za、ca、sa は「ザ、ツァ、サ」と読めばほぼ問題ありません。**問題は zi、ci、si です。**これはそのまま読むと、「ジ、チ、シ」になりそうですが、そうなりません。口を横に引いて、i の口をした上で「ズー、ツー、スー」と読んでください。似たようなものに、zu、cu、su があります。こちらは u なので、口を尖がらせて発音します。zi、ci、si との音の違いに注目してください。

A029

zá cā sǎ　　zǐ cī sì　　zǔ cū sù

zōng cóng sòng

なお、英語の連想で c を k だと思って、カ行に発音してしまう初学者が多く出ます。**cong は「ツォン」であって、「コン」では決してありませんし、ca は「カ」ではありません。**カ行には絶対ならないので、要注意です。

●-r化

最後に -r 化（アール化）という現象を説明しましょう。-r 化とは、語尾で英語の -r のように舌を巻いて発音するもので、単語によって -r 化するものがあります。北方の中国語ではこの -r 化が非常に多いのに対して、南方の人はあまり -r 化して発音しません。

この発音のポイントは、はやめに舌を巻いてしまうということです。-r 化は「後ろに -r をつける」などと説明されているので、ついつい最後に舌を巻こうとしてしまうのですが、それでは間に合いません。例えば"花"という漢字は -r 化して huār と読むことがありますが、h- が始まるころからもう舌を巻くくらいの意識でちょうどよくなります。-r 化する場合、漢字では"儿"という字をつけます。

🎧 A030

huā ＋ r → 花儿

kuài ＋ r → 块儿

diǎn ＋ r → 点儿　　juǎn ＋ r → 卷儿　　mén ＋ r → 门儿

jué ＋ r → 角儿

また、語尾が -i または -n の語が -r 化する場合、-i と -n は消失してしまいます。
-e につく場合にも、-e は -r に吸収されます。

例えば dian に -r がつくと、-n がなくなって diar という音になってしまいます。

第**4**課　声調の組み合わせ

　　中国語には声調というトーンがあることを学習しました。**声調は音の高い低いですが、絶対的な高さではなくて相対的な高さです。** そして、中国語の単語の大半は漢字二文字からなります。この時、二文字のコンビネーションをしっかり発音することが大切です。コンビネーションが悪いと一つの単語として認識してもらえません。二音節の声調の組み合わせは四声×四声ですので、16 のコンビネーションがあることがわかります。実はそれだけでなく、**現代中国語には二つ目の音節が軽くなる軽声というのがあります。** これを加えるとパターンは全部で 20 になります。

＊声調の練習方法の注意点

　　中国語の初級で一番たいへんなのは、声調を覚えることです。コツはとにかく大げさに発音することです。日本語はこんなに上げ下げしないので、たいていの人は上げ下げが不十分です。慣れるまではちょっとやりすぎくらいでちょうどよいです。

　　また、私が推奨しているのが手を指揮者のように振って発音をすることです。一声ならば手を横に引く動作、二声ならしたから上に上げる動作、三声ならば「まあまあ」となだめるように低く抑える動作、四声なら上から下にシュッと落とす動作を行って覚えると、音も正確になりますし、記憶に定着しやすくなります。**オーバーアクションが大事です。**

　　それでは 16 のパターンそれぞれ見てみましょう。以下に出てくる単語はすべて本文編で使用する単語ですので、本文で出てきたら、このページに戻ってきてコンビネーションを確認してください。

❶ 一声 + 一声 ⇒ → →

A031

今天 jīntiān
今日

参加 cānjiā
参加する

飞机 fēijī
飛行機

　両方とも高く長く発音する音です。日本人は特に二音節目を適当に発音してしまう癖があります。二音節目も高く、長くが大切です。特に「長く」を意識しましょう。

❷ 一声 + 二声 ⇒ → ↗

A032

非常 fēicháng
とても

中国 Zhōngguó
中国

当然 dāngrán
もちろん

　一声は高く伸ばす音です。次に二声が来る場合には、起点の位置に注意しましょう。最初の音の終わりよりも、明確に低いところから始めなければいけません。このコントラストが大切です。

❸ 一声 + 三声 ⇒ → ⌣

A033

开始 kāishǐ
～し始める

英语 Yīngyǔ
英語

听懂 tīngdǒng
聞いてわかる

　三声はとにかく「低く、低く」を意識します。一声は終わりが高いので、それよりもずいぶん低い位置から初めて、さらに「これ以上下げられない」というところまで下げることを意識してください。

❹ 一声 + 四声 ⇒ → ↘

A034

音乐 yīnyuè
音楽

吃饭 chīfàn
ご飯を食べる

书店 shūdiàn
書店

　一声で高く長く伸ばしたあと、そのままの高さから急速に落下させてください。

⑤ 二声 + 一声 ↗ →

A035

时间 shíjiān	房间 fángjiān	钱包 qiánbāo
時間	部屋	財布

　低いところから上に上げていき、次の一声ではそのままの高さで長く伸ばします。

⑥ 二声 + 二声 ↗ ↗

A036

学习 xuéxí	食堂 shítáng	头疼 tóuténg
勉強する	食堂	頭が痛い

　低いところから上にあげ、また低いところから上に上げます。一つ目をきっちりあげ、二番目をきっちり低いところからにすることによって、コントラストをつけます。

⑦ 二声 + 三声 ↗ ⌣

A037

来晚 lái wǎn	没有 méi yǒu	学好 xuéhǎo
遅刻する	ない	マスターする

　二声＋二声と区別がつかない初学者が多くいます。先ほどは二番目の文字を低いところから上に上げましたが、このパターンでは同じところから落下させます。
　コツは、最初の二声であがったところより、低いところから次の三声をはじめるところで、そのコントラストを明確にしましょう。

⑧ 二声 + 四声 ↗ ↘

A038

容易 róngyì	牛肉 niúròu	不要 búyào
簡単	牛肉	～してはならない

ブレス記号を反対にしたようなリズムです。下から上に上げ、上がりきった
ところから急降下させます。

⑨ 三声 + 一声

A039

好吃 hǎochī　　老师 lǎoshī　　每天 měitiān
おいしい　　　　先生　　　　　毎日

　　三声は、とにかく低く、低く、でした。次に一声が来る場合には、その低い
位置と次の高い音の間にコントラストができます。そこを明確にしてください。

⑩ 三声 + 二声

A040

美国 Měiguó　　起来 qǐlái　　旅游 lǚyóu
アメリカ合衆国　起きる　　　　旅行

　　三声で下げきったところから、次の二声で上昇させていきます。下げ切った
ところからそのまま上に上げていくのがコツです。
　　日本人の悪い例を聞いてみましょう（→ ）。初学者はほぼこのリズムになっ
てしまいます。三声の終わったところよりも、二声の始点が低くなってしまう
のが特徴です。要するに、三声の低さが足りないのです。とにかく下げ切って、
そこから上昇させることを意識してください。

⑪ 三声 + 三声

A042

有点儿 yǒudiǎnr　　可以 kěyǐ　　所以 suǒyǐ
ちょっと　　　　　　できる　　　　だから

　　三声＋三声は発音できません。最初の三声を二声に変えて発音します。した
がって⑦と同じリズムになります（→第4課　変調）。三声＋三声＋三声と三声
が三つ続く場合には、二声＋二声＋三声になります。

⑫ 三声 + 四声 ┈┈┈ ↘

A043

可乐 kělè
コーラ

比较 bǐjiào
わりと

感冒 gǎnmào
風邪をひく

三声はとにかく低い音です。四声は高いところから下に急降下させる音です。三声が終わるところと、四声の始まるところは大きな差があるので、ここの明確なコントラストをつけることが重要です。

⑬ 四声 + 一声 ↘ →

A044

故宫 Gùgōng
故宮

夏天 xiàtiān
夏

大家 dàjiā
みんな

四声で急降下させたあと、高く長い一声がくるパターンです。四声の終わったところと、一声の始まるところのコントラストを明確にしてください。

⑭ 四声 + 二声 ↘ ↗

A045

绿茶 lùchá
緑茶

四年 sì nián
4年

适合 shìhé
似合う

ブレス記号のようなリズムです。四声で急降下させ、下がりきったところからそのまま上昇させればきれいな音になります。

⑮ 四声 + 三声 ↘ ┈┈┈

A046

汉语 Hànyǔ
中国語

日本 Rìběn
日本

地铁 dìtiě
地下鉄

四声で急降下させたあと、その下がりきったところが次の三声の起点の高さです。そこからさらに低く抑えるイメージで発音するときれいになります。

A047

电视 diànshì　　現在 xiànzài　　作业 zuòyè
テレビ　　　　　　今　　　　　　　宿題

最初の四声で急降下させ、次の四声の起点との明確な差をつくりましょう。

●軽声

　　軽声とは、二音節以上の単語について、主に二番目（もしくはその後ろ）が
声調を失ってしまう現象です。しかし適当に発音していいのではなく、一文字
目と明確なリズムを作り出します。

一声 ＋ 軽声

A048

三个 sān ge　　出去 chūqu　　衣服 yīfu
三つ　　　　　　出ていく　　　服

　　一声は高く伸ばすので、次の軽声はそれよりも低い位置で発音します。

二声 ＋ 軽声

A049

朋友 péngyou　　便宜 piányi　　覚得 juéde
友達　　　　　　安い　　　　　感じる

　　二声で低いところから高いところに上げますが、その終点の高いところより
も次の軽声は低い位置で発音します。

三声 ＋ 軽声

A050

怎么 zěnme　　饺子 jiǎozi　　姐姐 jiějie
どうして　　　餃子　　　　　姉

　これも**初学者のほぼ100パーセントが正しく発音できません**。初学者の発音と中国人の発音を比べてみましょう（→A051）。

　日本人は三声が下がりきらないため、三声の終点よりも軽声を低くしてしまいがちです。そうではなく、三声の終点よりも、次の軽声の方が高いことを肝に銘じてください。

四声 ＋ 軽声

A052

　妹妹 mèimei　　　**厉害** lìhai　　　**弟弟** dìdi
　妹　　　　　　　　　すごい　　　　　　　弟

四声で下降したところよりも、軽声のほうが若干低くなります。

●声調符合をつける位置

　ピンインでは母音に声調符号をつけます。母音が一つの場合には、その一つの母音につければいいのですが、複数ある場合にはどうしたらいいでしょうか。以下のルールに則っています。

　（1）aがあったらa　　　lǎo　jiā　など

　（2）aがなかったらeかo　　　méi　duō　など

　（3）aもeもoもない場合は後ろに出てくるほう　guì jiǔ　など

　まず、aがある場合にはそれにつけます。aがない場合にはeかoにつけます。eとoが同時に出てくることはありません。a, e, oすべて出てこないのはiuとuiですが、この場合には後ろ側につけます。

●変調

声調が変化するケースがあります。それは以下の三つです。

①三声 ＋ 三声

三声＋三声は発音が難しいため、二声＋三声になります。三声＋三声＋三声
の場合は、二声＋二声＋三声になります。四つ続く場合には二声＋三声＋二声
＋三声になります。

②"一"の声調変化

数字の"一"は基本的には一声です。しかし、次に一声、二声、三声、が続く
場合には四声に変化します。次に四声が続く場合には、二声に変化します。

なおこの場合、本書では書く時にも変化したほうの声調を書きます。

A053

一般 yìbān　　一瓶 yì píng　　一点儿 yìdiǎnr　　一下 yíxià
普通　　　　　瓶一本　　　　　ちょっと　　　　　ちょっと

③"不"の声調変化

"不"は基本的には四声です。しかし、次に四声が来る場合のみ、二声に変調
します。この場合も、本書では変化したほうの声調で表記します。

A054

bù + gāo → bù gāo 不高　　　bù + lái → bù lái 不来

bù + hǎo → bù hǎo 不好

bù + shì → bú shì 不是　　　bù + qù → bú qù 不去

📋 発音上の注意　チェックリスト

以下の点を常に意識しよう。

●母音編

① 複母音、鼻母音は、一つ一つの母音を丁寧に発音すること。

② -n で終わるものは舌先を歯茎の裏につけるのだということを意識。-ng は必ず舌を引いて、鼻に息を通すことを意識。

③ -e の音は複母音では「エ」に近くなる。鼻母音では「エ」に近いものと、そうでないものがある。

④ -a- は ian, yuan で「エ」に近い音になる。

⑤ -iu は間に小さい -o- が入る。-un, -ui は間に小さい -e- が入る。

●子音編

① f- はきちんと歯で唇を噛む。

② ji, qi, xi はそれぞれ「ジ」「チ」「シ」。

③ ju, qu, xu の -u は ü の音。

④ ca, cong は「ツァ」「ツォン」であり、「カ」「コン」ではない。

⑤ zi, ci, si は「ズー」「ツー」「スー」であり、「ジー」「チー」「シー」ではない。

① ピンインと簡体字

　さて、これから本格的に中国語の文章を勉強していきます。中国語は言うまでもなく漢字で書かれていますが、現代中国で使われている漢字は日本のものと少し異なり、簡体字という簡略化した文字を使用しています。最初は戸惑いますが、あくまで簡単にした文字なので、慣れればそれほど大変ではありません。

　なぜこのような文字を使うようになったのでしょうか。実は20世紀の中国には、漢字は遅れた文字だという考え方がありました。中国が発展しなかったのは、勉強の大半を漢字の勉強に費やしてきたからだと考えました。また、以前の中国では識字率も高くありませんでした。そこで中華人民共和国になってから漢字を簡略化した簡体字を用い、学習を簡単にしようとしたのです。その時、並行して作られたのがピンインです。

　実は、このころはいずれ漢字を全廃し、ピンインによる表記にやがて変えることを目指していました。なので、ピンインを単なる発音記号以上のものにしようと考えていました。すでに学習したように、母音の o, i, u に子音が何もつかない場合には、それぞれ wo, yi, yu とつづることを学習しましたが、これは子音から始めないと、切れ目がわかりにくいためです。a や e が最初に来る場合には、「'」をつけて切れ目をはっきりさせます。例えば "天安门（天安門）" は

Tiān'ānmén とつづります。"天" は tiān、"安" は ān なので、この両者の間に分ける記号をつけています。漢字を用いず、ローマ字だけでも切れ目がわかりやすいように工夫したのが、現在まで残っているのです。

　また、ju, xu, qu の u は本当は ü だと学習しました。本当は ü ならばその通り ü と書いてくれたほうが外国人学習者には親切ですが、なぜ省略しているのでしょうか。実際、そういう意見も出されていましたが、当時は手書きの時代です。できるだけ余計な部分は省きたいというのと、二つの点の上に声調符合をつけなければいけないので、非常に煩瑣になるため、できるだけ使いたくなかったということです。

本文編

第1課　あいさつ

B001　**①**

Nǐ hǎo!
你好！

Nǐ zǎo!
你早！

Xièxie.　　Bú xiè.　　Bú kèqì.
谢谢。——不谢。/ 不客气。

Duìbuqǐ.　　Méi guānxi.
对不起。——没 关系。

Bù hǎo yì si.
不 好意思。

Zàijiàn.
再见。

①

こんにちは。
おはよう。

ありがとう。　——どういたしまして。

ごめんなさい。　——大丈夫ですよ。
すみません。

さようなら。

🖋発音ワンポイント

・"你好""你早"はともに三声＋三声の組み合わせなので、"你"は二声で読みます（→音声編第4課）。

・"谢谢" はシェイシェイになってしまわないように注意。シィエシィエです。iとeを両方きちんと出しましょう。あいまいにならないように（→音声編第2課）。

・"对不起"の"对"（duì）の母音は ui です。ui の間には小さい e が入るのでした（→音声編第2課）。

・"没关系"の"关"（guān）は u を特に意識。唇をとんがらせていますか？

"不"の声調

　"不"という漢字は"不谢（bú xiè）"では二声になっているのに、"不好意思"（bù hǎo yìsi）では四声になっています。"不"は基本的には四声ですが、次に四声が来るときのみ、二声に変調させるのです。"谢"が四声のため、"不谢"の"不"は二声になります。

　声調が場合によって変わる漢字は"不"と"一"の二つです（→音声編第4課）。いずれもよく使うので、覚えましょう。

📖文法

　あいさつ表現ですから、基本的にはそのまま覚えてしまいましょう。

　「ごめんなさい」は"对不起"とほとんどの教科書に書いてあります。しかしこの表現はもともと「顔向けができない」という意味なので、軽い謝罪程度ではそれほど使用しません。「すみません」程度であれば"不好意思"を使います。

第 2 課　"是"を使って名詞を述語にする文

①
B002

坂本：你好！ 我 叫 坂本 太郎。 你 叫 什么 名字？
Nǐhǎo! Wǒ jiào Bǎnběn Tàiláng. Nǐ jiào shénme míngzi?

约翰：我 叫 约翰。 你 是 日本人 吗？
Wǒ jiào Yuēhàn. Nǐ shì Rìběnrén ma?

坂本：是， 我 是 日本人。 你 是 法国人 吗？
Shì, wǒ shì Rìběnrén. Nǐ shì Fǎguórén ma?

约翰：不 是。 我 不 是 法国人。
Bú shì. Wǒ bú shì Fǎguórén.

②
B003

坂本：那， 你 是 哪 国 人？
Nà, nǐ shì nǎ guó rén?

约翰：我 是 美国人。
Wǒ shì Měiguórén.

③
B004

坂本：你们 是 学生 吗？
Nǐmen shì xuésheng ma?

约翰：对， 我们 是 学生。
Duì, wǒmen shì xuésheng.

坂本：她们 是 哪 国 人？
Tāmen shì nǎ guó rén?

约翰：她们 是 中国人。
Tāmen shì Zhōngguórén.

①

坂　本：こんにちは！　私の名前は坂本太郎です。あなたの名前はなんですか？

ジョン：私の名前はジョンです。あなたは日本人ですか？

坂　本：そうです、私は日本人です。あなたはフランス人ですか？

ジョン：違います。私はフランス人ではありません。

②

坂　本：では、あなたはどこの国の人ですか？

ジョン：私はアメリカ人です。

③

坂　本：あなたたちは学生ですか？

ジョン：そうです、私たちは学生です。

坂　本：彼女たちはどこの国の人ですか？

ジョン：彼女たちは中国人です。

語彙

① **我** wǒ：私　　**你** nǐ：あなた　　**叫** jiào：～という名前です

什么 shénme：何　　**名字** míngzi：名前（フルネーム）

约翰 Yuēhàn：ジョン　→語彙ワンポイント　**是** shì：→文法③

日本人 Rìběnrén：日本人　　**法国人** Fǎguórén：フランス人

② **那** nà：それなら　　**哪** nǎ：どの

美国人 Měiguórén：アメリカ人

③ **们** men：～たち　　**学生** xuésheng：学生　　**对**：duì：そうです

她：tā：彼女　　**中国人** Zhōngguórén：中国人

39

📝◆語彙ワンポイント
....

　日本人の名前は漢字をそのまま中国語読みします。中国語は漢字だけなので、欧米人の名前も漢字にしてしまいます。だいたいは音訳ですが、ジョンさんは"约翰"と似ても似つかない音になっています。これはジョンの元となっているヨハンを音訳しているからです。

📖 文法
....

🎧 ①自己紹介の仕方
B005

你叫什么名字?	Nǐ jiào shénme míngzi?	あなたの名前は何ですか？
我叫坂本太郎。	Wǒ jiào Bǎnběn Tàiláng.	私の名前は坂本太郎です。
您贵姓?	Nín guì xìng?	あなたの苗字は何ですか？ （＊您 nín "你" よりも丁寧な二人称）
我姓铃木。	Wǒ xìng Língmù.	私の苗字は鈴木です。

　相手の名前を尋ねたい時には、"你叫什么名字?" と言います。まずそのまま覚えましょう。細かく言うと "叫" が動詞で「〜という」を表し、"什么" は「何、どんな」を表す疑問詞です。自分の名前を紹介するときは、"我叫" の後に名前を続けます。

　また、苗字だけを聞く方法もあります。こちらは丁寧な言い方で、"您贵姓?" と言います。答える時は "我姓〜" と言います。

　日本人の姓名を言う時には、漢字を中国語読みします。鈴木さんなら、"Língmù" になります。辞書などを参考に、自分の名前の中国語音を調べてみましょう（最近はインターネット等でも「漢字 ピンイン」などで検索すれば、簡単にピンインを検索できるサイトを見つけることもできます）。

🎧 ②人称代名詞
B006

	単数	複数
一人称	我 wǒ	我们 wǒmen
二人称	你 nǐ　您 nín	你们 nǐmen
三人称	他 tā　她 tā　它 tā	他们 tāmen　她们 tāmen　它们 tāmen

　一人称は"我"、二人称は"你""您"と二つあります。通常は"你"、丁寧に
する場合には"您"を使います。

　三人称は男性の場合"他"（彼）、女性の場合には"她"（彼女）、人間以外の
ものを指す場合には"它"と書き分けますが、発音は同じです。もともとはこ
の三者を区別していませんでしたが、欧米の言語を翻訳する必要性から、文字
上でのみ書き分けるようになりました。

　複数を表すには、"们"をつけます。「私たち」ならば"我们"、「あたなたち」
ならば"你们"です。なお、"您们"とはあまり言いません。

🎧 ③名詞が述語になる文
B007

我是日本人。	Wǒ shì Rìběnrén.	私は日本人です。
我们是美国人。	Wǒmen shì Měiguórén.	私たちはアメリカ人です。
他是法国人。	Tā shì Fǎguórén.	彼はフランス人です。

　中国語もほかの言語と同じく［主語＋述語］が基本的な形式です。述語には
名詞、形容詞、動詞の三種類があります。この課で学習するのは、名詞が述語
になるタイプ、つまり「AはBだ（です）」の表し方です。「AはBだ（です）」
は"A是B"の形で表します。"是"は、実を言うと英語のbe動詞とは異なる
のですが、この文型ではbe動詞のように使います。「私は日本人だ」なら、A
が私（中国語では"我"）、Bが日本人（"日本人"）になるので、"我是日本人。"
となります。

④疑問文とその答え方

B008

你是中国人吗？　　　　　Nǐ shì Zhōngguórén ma?　　　あなたは中国人ですか？

—— 是，我是中国人。　Shì, wǒ shì Zhōngguórén.　　そうです。私は中国人です。

他是日本人吗？　　　　　Tā shì Rìběnrén ma?　　　　彼は日本人ですか。

—— 不是。　　　　　　　Bú shì.　　　　　　　　　　違います。

　「〜ですか」と疑問にする場合は、文末に"吗"をつけます。

　問題は答え方です。中国語には「はい」にそのまま相当する語がありません。"是"を使った疑問文を肯定する時には"是"と答えるか、"对"と答えます。"对"は「（相手の言っていることが）正しい、そのとおりだ」という意味です。

⑤"是"の否定

B009

我不是日本人。　　Wǒ bú shì Rìběnrén.　　　私は日本人ではありません。

　"是"を使った文を否定するには、"是"の前に"不"をつけます。"是"は四声なので、"不"は二声に変わります。

⑥疑問詞疑問文1

B010

你是哪国人？　Nǐ shì nǎ guó rén?　　あなたはどこの国の人ですか？

　「どれ、どの、何、いつ、だれ」などの疑問詞を使った疑問文を疑問詞疑問文といいます。英語の場合、*what* や *where* など疑問詞は文頭に移動しますが、中国語では単に尋ねたいところを疑問詞に変えるだけです。ここで登場した"哪"は「どの」を表します。"哪国人"は直訳すると「どの国の人」という意味です。

練習問題

脳の中に空欄を作ろう！

　多くの語学学習書には、並べ替え練習や空欄補充の問題があります。初級の段階で文型を覚えることは大切ですが、紙の上の文字を見ながら文を作るだけでは、話せるようにはなりません。表現の型を頭の中に作り上げることが大切です。これを私は脳の中の空欄づくりと呼んでいます。第２課では次の文型を学習しました。

A	是	B

　まずはこの形をしっかり頭に入れ込む訓練をしましょう。以下の練習問題は、一般的な問題集と違い、問題文全体を掲載していません。すべて音声で出題されますので中国語を発音して答えてください。

補充単語　　**韩国人** Hánguórén：韓国人　　　**德国人** Déguórén：ドイツ人

練習問題①　シャドーイング
C001

流れてくる中国語を繰り返しましょう。

①　　　②　　　③

練習問題②
C002

日本語の単語を二つ言います。それらをすばやく中国語にし、空欄 A、空欄 B にいれて発音してください。さらに、それを否定文にしてください。

　例：　彼、中国人　→　他是中国人。　（否定文）他不是中国人。

①　　　②　　　③　　　④

🎧 **練習問題③**

流れてくる中国語を疑問文に変えて発音しましょう。

① ② ③

🎧 **練習問題④**

流れてくる中国語の質問に中国語で答えましょう。

① ② ③

コ ラ ム

② あいさつ

　中国語のあいさつと言えば"你好 Nǐhǎo"で、誰もが知っている言葉だと思います。ただ、"你好"は日本語の「こんにちは」と同様、改まった語感のあるあいさつなので、親しい間柄ではあまり使いません。かわりによく使われるのがお昼時であれば"吃饭了吗? Chī fàn le ma?（ごはん食べた？）"だとか、道でであったならば"去哪儿? Qù nǎr?（どこに行くの？）"などの表現です。本当にごはんを食べたか聞きたいわけではなくて、あいさつとして言っているのです。

　また、親しい間柄では"谢谢 Xièxie（ありがとう）"も日本人に比べて言いません。中国人の友人関係は日本人のそれよりもずっと濃く、「友達のためなら何でもやるのが当たり前」という感覚があります。このため、ちょっとしたことで"谢谢"などというのは、水臭いということになります。「どういたしまして」に当たる表現は"不客气 Bú kèqi"ですが、"客"という字が使われている通り、「よそよそしくするな」という語感があります。仲間内ではよそよそしくしてはならないのです。

第 **3** 課　動詞述語文

🎧 **❶**
B011

约翰：<ruby>你<rt>Nǐ</rt></ruby> <ruby>学习<rt>xuéxí</rt></ruby> <ruby>什么<rt>shénme</rt></ruby>？

坂本：<ruby>我<rt>Wǒ</rt></ruby> <ruby>学习<rt>xuéxí</rt></ruby> <ruby>汉语<rt>Hànyǔ</rt></ruby>。 <ruby>你<rt>Nǐ</rt></ruby> <ruby>说<rt>shuō</rt></ruby> <ruby>汉语<rt>Hànyǔ</rt></ruby> <ruby>吗<rt>ma</rt></ruby>？

约翰：<ruby>我<rt>Wǒ</rt></ruby> <ruby>说<rt>shuō</rt></ruby> <ruby>日语<rt>Rìyǔ</rt></ruby>。 <ruby>我<rt>Wǒ</rt></ruby> <ruby>也<rt>yě</rt></ruby> <ruby>学习<rt>xuéxí</rt></ruby> <ruby>汉语<rt>Hànyǔ</rt></ruby>。

🎧 **❷**
B012

坂本：<ruby>你<rt>Nǐ</rt></ruby> <ruby>去<rt>qù</rt></ruby> <ruby>哪儿<rt>nǎr</rt></ruby>？

约翰：<ruby>我<rt>Wǒ</rt></ruby> <ruby>去<rt>qù</rt></ruby> <ruby>图书馆<rt>túshūguǎn</rt></ruby>。 <ruby>你<rt>Nǐ</rt></ruby> <ruby>去<rt>qù</rt></ruby> <ruby>不<rt>bu</rt></ruby> <ruby>去<rt>qù</rt></ruby>？

坂本：<ruby>我<rt>Wǒ</rt></ruby> <ruby>不<rt>bú</rt></ruby> <ruby>去<rt>qù</rt></ruby>。

🎧 **❸**
B013

坂本：<ruby>你<rt>Nǐ</rt></ruby> <ruby>看<rt>kàn</rt></ruby> <ruby>什么<rt>shénme</rt></ruby>？

约翰：<ruby>我<rt>Wǒ</rt></ruby> <ruby>看<rt>kàn</rt></ruby> <ruby>书<rt>shū</rt></ruby>。 <ruby>你<rt>Nǐ</rt></ruby> <ruby>呢<rt>ne</rt></ruby>？

坂本：<ruby>我<rt>Wǒ</rt></ruby> <ruby>看<rt>kàn</rt></ruby> <ruby>电视<rt>diànshì</rt></ruby>。

①

ジョン：あなたは何を勉強しますか？

坂　本：私は中国語を勉強します。あなたは中国語を話しますか？

ジョン：私は日本語を話します。私も中国語を勉強しています。

②

坂　本：あなたはどこに行きますか？

ジョン：私は図書館に行きます。あなたは行きますか？

坂　本：私は行きません。

③

坂　本：あなたは何を見ますか（読みますか）？

ジョン：私は本を読めます。あなたは？

坂　本：私はテレビを見ます。

語彙

①学习〔学習〕xuéxí：勉強する　　也 yě：～も　→文法⑤

　汉语〔漢語〕Hànyǔ：中国語　→語彙ワンポイント①

　说〔説〕shuō：話す　　日语 Rìyǔ：日本語

②去 qù：行く　　哪儿 nǎr：どこ　　图书馆〔図書館〕túshūguǎn：図書館

③看 kàn：読む、見る　→語彙ワンポイント②

　书〔書〕shū：本　　呢 ne：～は？　　电视〔電視〕diànshì：テレビ

＊〔　〕の中は、相当する日本語の漢字です。簡体字がわかりにくい場合に示します。

47

📝 語彙ワンポイント

①"汉语"

日本の漢字では「漢語」です。漢族の言葉という意味で、いわゆる中国語は「漢語」と言います。「讠」は2画で書きます。2画目を横に引いて、そのまま下に線を引きます。3画ではないので注意。

②"看"

「見る」と「読む」の両方を表せます。

📖 文法

🎧 ①動詞が述語になる文
B014

我学习汉语。	Wǒ xuéxí Hànyǔ.	私は中国語を勉強します。
你学习汉语吗?	Nǐ xuéxí Hànyǔ ma?	あなたは中国語を勉強しますか?
我不学习汉语。	Wǒ bù xuéxí Hànyǔ.	私は中国語を勉強しません。
我学习英语。	Wǒ xuéxí Yīngyǔ.	私は英語を勉強します。

中国語の基本語順は〔S（主語）＋Ｖ（動詞）＋Ｏ（目的語）〕です。前の課で学習したとおり、疑問文にしたい場合には文末に"吗"をつければ完成です。否定する場合には、動詞に"不"をつけます。

🎧 ②反復疑問文
B015

你去不去?	Nǐ qù bu qù?	あなたは行きますか?
你看不看?	Nǐ kàn bu kàn?	あなたも見ますか?
你是不是中国人?	Nǐ shì bu shì Zhōngguórén?	あなたは中国人ですか?

中国語の疑問文は、文末に"吗"をつける形に加えて、動詞の肯定形と否定形を繰り返す形の疑問文（反復疑問文）があります。"你去不去？"は、"你去吗？"とだいたい同じ意味です。"是"を使う文の反復疑問は"是不是"です。

🎧 ③疑問文の答え方
B016

你去不去？	Nǐ qù bu qù?	あなたは行きますか？
——我不去。	Wǒ bú qù.	——私は行きません。
你看吗？	Nǐ kàn ma?	あなたは見ますか？
——看。／不看。	Kàn. ／Bú kàn.	——見ます。／見ません。
你学习汉语吗？	Nǐ xuéxí Hànyǔ ma?	あなたは中国語を勉強しますか？
——学习。／不学习。	Xuéxí. ／Bù xuéxí.	——します。／しません。

中国語の疑問文の答え方には yes, no に直接相当する言葉がありません。"是"を使った文に答える場合、肯定なら"是"、否定ならば"不是"を使います。他の動詞が使われた疑問文の場合、肯定なら動詞を繰り返し、否定ならその動詞に"不"をつけた形で答えます。通常の疑問文でも、反復疑問文でも同じです。本文では"你也去不去？"と聞かれて、"我不去"と主語も省略せずに答えていましたが、この主語は省略可能です。"你看吗？"と聞かれた場合、見るならば"看"、見ないならば"不看"と答えます。

🎧 ④疑問詞疑問文2　"哪儿（どこ？）""什么（何？）"
B017

你去哪儿？	Nǐ qù nǎr?	あなたはどこに行きますか？
你学习什么？	Nǐ xuéxí shénme?	あなたは何を勉強しますか？
你看什么？	Nǐ kàn shénme?	あなたは何を見ますか（読みますか）？

会話に重要な 5W1H のうち、"哪儿（どこ？）""什么（何？）"を学習しましょ
う。中国語は質問したいところを疑問詞に変えればよいのでした。"你去图书馆"
の"图书馆"の部分を尋ねたいのであれば、そこを"哪儿"に変えます。疑問
詞疑問文の場合、文末に"吗"はつきません。

🎧 ⑤"也"
B018

我也去图书馆。	Wǒ yě qù túshūguǎn.	私も図書館に行きます。
我也是日本人。	Wǒ yě shì Rìběnrén.	私も日本人です。
他也是日本人吗？	Tā yě shì Rìběnrén ma?	彼も日本人ですか？
他也不是中国人。	Tā yě bú shì Zhōngguórén.	彼も中国人ではありません。

　「〜も」と言いたい時には、動詞の前に"也"をつけます。"是"を使う名詞
述語文の場合も、その前に置きます。また、"他也不是中国人。"とあるように、
否定文では"不"の前に"也"を置きます。"不是中国人。"全体を修飾してい
ると考えましょう。中国語は原則前から後ろにかかります。

練習問題

　第2課では、名詞が述語になる形を学習しました。本課では動詞が述語になる文を学習しています。頭の中に次の空欄を作る訓練をしましょう。

主語		動詞		目的語

補充単語　　英语 Yīngyǔ：英語

練習問題① シャドーイング
C005

流れてくる中国語を繰り返しましょう。

① 　　② 　　③ 　　④

練習問題②
C006

日本語の単語を三つ言います。それを中国語にし、上の空欄にあてはめて文を完成させましょう。

例：私／行く／図書館　→　我去图书馆。

① 　　② 　　③

練習問題③
C007

練習問題②と同じく、単語を三つ言いますが、今度は否定文にしてください。

① 　　② 　　③ 　　④

練習問題④
C008

友達に質問してみましょう。

① 　　②

第 **4** 課　形容詞述語文

❶

A：北京 大学 很 大。
　　Běijīng dàxué hěn dà.

B：对。 很 大。
　　Duì. Hěn dà.

A：美国人 多 吗？
　　Měiguórén duō ma?

B：不 多。
　　Bù duō.

❷

A：日本人 多 不 多？
　　Rìběnrén duō bu duō?

B：非 常 多。
　　Fēicháng duō.

A：他们 都 是 留学生 吗？
　　Tāmen dōu shì liúxuéshēng ma?

B：对，他们 都 是 留学生。
　　Duì, tāmen dōu shì liúxuéshēng.

❸

A：你 今天 吃 什么？
　　Nǐ jīntiān chī shénme?

B：我 今天 吃 中国菜。
　　Wǒ jīntiān chī Zhōngguócài.

A：中国菜 好吃 吗？
　　Zhōngguócài hǎochī ma?

B：中国菜 非常 好吃。
　　Zhōngguócài fēicháng hǎochī.

①

A：北京大学は大きいです。

B：そうです。大きいです。

A：アメリカ人は多いですか？

B：多くありません。

②

A：日本人は多いですか？

B：とても多いです。

A：彼らはみな留学生ですか？

B：そうです。彼らはみな留学生です。

③

A：あなたは今日何を食べますか。

B：私は今日中華料理を食べます。

A：中華料理はおいしいですか？

B：中華料理はとてもおいしいです。

語彙

①北京大学 Běijīng dàxué：北京大学　　很 hěn（→文法①）

　大 dà：大きい　　多 duō：多い

②非常 fēicháng：とても　　都 dōu：みんな（→文法③）

③今天 jīntiān：今日　　吃 chī：食べる

　中国菜 Zhōngguócài：中華料理（→語彙ワンポイント①）

　好吃 hǎochī：おいしい（→語彙ワンポイント②）

📝 語彙ワンポイント

①"菜"

「料理」の意味です。日本料理なら "日本菜"、フランス料理なら "法国菜"、アメリカ料理は "美国菜" です。

②"好吃"

「おいしい」という意味です。「まずい」を表す場合には、"不好吃" と言います。直訳すると「おいしくない」になりそうですが、もっと積極的に「まずい」の意味になります。

🔍 文法

①形容詞述語文

北京大学很大。	Běijīng dàxué hěn dà.	北京大学は大きい。
北京大学非常大。	Běijīng dàxué fēicháng dà.	北京大学はとても大きい。
北京大学大。	Běijīng dàxué dà.	北京大学は（他と比較して）大きい。
美国人（很）多吗?	Měiguórén (hěn) duō ma?	アメリカ人は（とても）多いですか?
日本人多不多?	Rìběnrén duō bu duō?	日本人は多いですか?
法国菜不好吃。	Fǎguócài bù hǎochī.	フランス料理はおいしくない。

　ここまで、名詞が述語になる文、動詞が述語になる文を学習してきました。三つ目が形容詞が述語になる文です。英語の場合、名詞述語文と形容詞述語文はともに *be* 動詞を使用するので、「私は日本人です」ならば *I am Japanese.* であり、「北京大学は大きい」ならば *Peking University is big.* になります。しかし、中国語の形容詞述語文では、名詞を述語にするときに登場した "是" は

使いません。［主語＋形容詞］の形になります。

　しかし、［主語＋形容詞］だけだと、短すぎると感じるのか、**通常はその形容詞の前に何らかの副詞を置きます**。"很"は本来「とても」という意味でしたが、形容詞の前に置かれる場合、その本来の意味を失います。"北京大学很大"で単に「北京大学は大きい」という意味です。"很"の代わりに"非常"を置けば、「北京大学はとても大きい」の意味になります。形容詞の前に何も置かない形"北京大学大"も可能ですが、この場合は他と比較して大きいというニュアンスになります。

　疑問文にする場合には、文末に"吗"を置くのは変わりません。疑問にすると、形容詞の前に"很"のような**副詞を置く必要はなくなります**。あえて置いた場合、元々の意味である「とても」の意味が復活します。"美国人多吗？"なら「アメリカ人は多いですか？」、"美国人很多吗？"なら「アメリカ人はとても多いですか？」になります。

　また、否定する場合には形容詞に"不"をつけます。

　もちろん、反復疑問文の形もあります。形容詞述語文の場合、聞きたいところはその形容詞の部分ですから、形容詞の肯定形と否定形を繰り返します。"日本人多不多"で「日本人は多いですか」の意味になります。答える場合には、動詞の時と同様です。"多吗"と聞かれているなら、肯定なら"很多"、否定なら"不多"と言います。

②副詞

B023

日本人非常多。	Rìběnrén fēicháng duō.	日本人はとても多い。
中国菜比较好吃。	Zhōngguócài bǐjiào hǎochī.	中国料理はわりとおいしい。
美国人很少。	Měiguórén hěn shǎo.	アメリカ人は少ない。

　中国語の修飾語は、**前から後ろを修飾する**のが原則です。この原則をきっち

り頭にいれましょう。副詞とは動詞や形容詞などを修飾する語なので、その前に置きます。

③"都"

我们都是日本人。	Wǒmen dōu shì Rìběnrén.	私たちはみんな日本人です。
(我们也是日本人。	Wǒmen yě shì Rìběnrén.)	(私たちも日本人です。)
我们都去学校。	Wǒmen dōu qù xuéxiào.	私たちはみな学校に行きます。
(我们也去学校。	Wǒmen yě qù xuéxiào.)	(私たちも学校に行きます。)

動詞・形容詞の前に**"都"**をつけると、「みんな」の意味になります。**"都"**が入る位置は**"也"**の入る位置と同じです。

④時間と場所を表す言葉

我今天吃中国菜。	Wǒ jīntiān chī Zhōngguócài.	私は今日中華料理を食べます。
今天我吃中国菜。	Jīntiān wǒ chī Zhōngguócài.	今日は私は中華料理を食べます。
今天美国人很多。	Jīntiān Měiguórén hěn duō.	今日はアメリカ人が多い。
今天非常热。	Jīntiān fēicháng rè.	今日は非常に暑い。

(**热**：暑い)

英語の場合には *I eat Chinese food today.* の *today* のように、時間や場所を表す言葉は後ろに置きます。中国語は先ほど述べたとおり前から後ろを修飾するのが原則です。「今日食べる」では、「今日」は「食べる」にかかるわけですから、「食べる」より前になければなりません。したがって動詞よりも必ず先に置きます。この点では、日本語に近い語順です。

"我今天吃中国菜。"と**"今天我吃中国菜。"**は、どちらも正しい中国語です。違いは何かというと、前者は「私は今日中華料理を食べます。」、後者は「今日私は中華料理を食べます。」にほぼ対応すると思ってよいでしょう。この二つは

どうちがうでしょうか？　ほぼ同じと答える人が多いのではないかと思いますが、会話文では先に思いつくほうを先に言います。

　次の例文 **"今天美国人很多。"** では、主語より先に時間を表す言葉が来ています。この場合も、主語の後において **"美国人今天很多。"** とも言えますが、**"今天美国人很多。（今日はアメリカ人が多い）"** のほうが自然です。**"美国人今天很多。"** というと「アメリカ人は今日は多い」に相当する表現になります。このように、主語と時間を表す言葉の順番は日本語の順番と感覚が一致することが多いです。

📖 練習問題

形容詞述語文を練習しましょう。

| 主語 | | 程度副詞（"很"など） | | 形容詞 |

補充単語　**少** shǎo：少ない　　**日本菜** Rìběncài：日本料理

🎧 練習問題① シャドーイング
C009

流れてくる中国語を繰り返しましょう。

① 　　② 　　③ 　　④

🎧 練習問題②
C010

日本語の単語を言います。それを中国語にし、文を作りましょう。

① 　　②

🎧 練習問題③
C011

流れてくる中国語に"**今天**"を加えて全文を発音しましょう。

① 　　② 　　③ 　　④

🎧 練習問題④
C012

中国語の質問に対して、その後に指定される語句を使って答えましょう。

① 　　②

第1課～第4課　総合練習問題

　第1課～第4課まででは、よく使うあいさつ表現と以下のとおり"是"を使った名詞を述語にする文、動詞述語文、形容詞述語文の三つを学習しました。この三つの文型が最も基本的な骨組みになりますから、きちんと練習しましょう。

"是"を使った名詞を述語にする文

A	是	B

動詞述語文

主語	動詞	目的語

形容詞述語文

主語	程度副詞（"很"など）	形容詞

補充単語　　**学校** xuéxiào：学校

🎧 練習問題①
C013

　流れてくる中国語に対して、実際に使われている場面を想像しながら、適切に返答してみましょう。

① ② ③ ④ ⑤ ⑥ ⑦ ⑧ ⑨ ⑩ ⑪ ⑫ ⑬

🎧 練習問題②
C014

　日本語を聞いて、中国語で言ってみましょう。

① ② ③ ④ ⑤ ⑥ ⑦ ⑧ ⑨ ⑩

第 **5** 課　指示詞と"的"の用法

B026 ❶

Nǐ qù nǎr?
A：你 去 哪儿?

Wǒ qù chīfàn.
B：我 去 吃饭。

Jīntiān zánmen yìqǐ chī jiǎozi, zěnmeyàng?
A：今天 咱们 一起 吃 饺子，怎 么 样?

Hǎo a!
B：好 啊!

B027 ❷

Zhèli de jiǎozi hěn hǎochī.
A：这里 的 饺子 很 好吃。

Zhè shì shénme jiǎozi?
B：这 是 什么 饺子?

Zhè shì yángròu de jiǎozi. Nǐ xǐhuan ma?
A：这 是 羊肉 的 饺子。你 喜欢 吗?

Wǒ bù xǐhuan chī zhège. Wǒ xǐhuan chī zhūròu de.
B：我 不 喜欢 吃 这个。我 喜欢 吃 猪肉 的。

B028 ❸

Nà shì shénme?
A：那 是 什么?

Nà shì Zhōngguó de huāchá. Wǒmen yě hē chá ba!
B：那 是 中 国 的 花茶。我们 也 喝 茶 吧!

Hǎo.
A：好。

Nǐ xǐhuan hē huāchá háishi hē lǜchá?
B：你 喜欢 喝 花茶 还是 喝 绿茶?

Wǒ xǐhuan hē lǜchá.
A：我 喜欢 喝 绿茶。

60

①

A：あなたはどこに行きますか？

B：私はご飯を食べに行きます。

A：今日、私たちはいっしょに餃子を食べるの、どうですか？

B：いいですよ！

②

A：ここの餃子はとてもおいしい。

B：これは何の餃子ですか？

A：これは羊の餃子です。好きですか？

B：私はこれは好きではありません。私は豚肉のが好きです。

③

A：あれは何ですか？

B：あれは中国のジャスミンティーです。私たちもお茶を飲みましょう。

A：いいですね。

B：あなたはジャスミンティーを飲むのが好きですか、それとも緑茶が好きですか？

A：私は緑茶が好きです。

語彙

①**吃饭** chīfàn：ご飯を食べる、食事をする

咱们 zánmen：私たち →語彙ワンポイント①

一起 yìqǐ：いっしょに →語彙ワンポイント② **饺子** jiǎozi：餃子

怎么样〔様→様〕zěnmeyàng：どうですか →文法② **好** hǎo：よい

啊 a：語気助詞 →文法③

②**这里** zhèli：ここ **这**〔這〕zhè：これ →文法⑥ **的** de：～の →文法④

什么 shénme：何の →文法⑤ **羊肉** yángròu：羊肉 **喜欢** xǐhuan：好き

这个〔个→個〕zhège：これ **猪肉** zhūròu：豚肉 →語彙ワンポイント③

③**那（那个）** nà (nàge)：あれ →文法⑥

花茶 huāchá：ジャスミンティー →語彙ワンポイント④

喝 hē：飲む **吧** ba：～しよう →文法⑦

还是 háishi：それとも →文法⑧ **绿茶** lǜchá：緑茶

☑️ 簡体字ワンポイント

"花"の字は「化」の右側が突き抜けます。

☑️ 語彙ワンポイント

①"咱们"と"我们"

どちらも「私たち」の意味ですが、"咱们"は必ず聞き手も含めて「私たち」という表現です。本文では"今天咱们一起吃饺子"と言っていますが、ここでは「あなたも含めた私たちはいっしょに餃子を食べに行きましょう」という意味です。"我们"は聞き手を含む場合もあるし、含まない場合もあります。

②"一起"

「いっしょに〜する」と言う場合、"一起"を使います。副詞ですから、動詞の前に置きます。

③"猪肉"

中国語で"猪"はイノシシではなく、豚の意味です。イノシシは"野猪"(yězhū)といいます。中華料理は豚肉が基本ですが、イスラム教徒も多いため、羊肉料理も非常に豊富です。餃子の餡に使うこともあります。

④"花茶"

一般的に"花茶"といったら、"茉莉花茶 mòlìhuā chá（ジャスミンティー）"のことを指します。北方ではジャスミンティーを飲むのが普通で、南方では緑茶を飲むのが一般的です。

文法

①英語で不定詞や動名詞になるもの

B029

我去吃饭。	Wǒ qù chīfàn.	私はご飯を食べに行く。
我喜欢喝绿茶。	Wǒ xǐhuan hē lǜchá.	私は緑茶を飲むのが好きだ。
我喜欢听音乐。	Wǒ xǐhuan tīng yīnyuè.	私は音楽を聴くのが好きだ。

(听〔聴〕：聞く　音乐〔音楽〕：音楽)

英語では一つの文に動詞は一つしか使えないので、「私は食べに行く」ならば *I go to eat...* のように不定詞を使うか、*-ing* を使った動名詞を使いますが、中国語にそういうものはありません。動詞をそのまま並べます。"我去吃饭"ならば、"我去"で「私は～に行く」を表し、「～」の部分が名詞ではなく"吃饭（ご飯を食べる）"と動詞句になっています。まとめて「私はご飯を食べに行く」です（なお、このパターンは連動文とも取れますが、それは第9課で詳しく説明します）。

「私は～が好きだ」の場、"我喜欢～"といいます。日本語の感覚ですと、「私は緑茶が好きだ」なら、"我喜欢绿茶"だけでよさそうですが、中国語では"我喜欢喝绿茶（私は緑茶を飲むのが好きだ）"と具体的に言うのが普通です。

②"怎么样"

B030

去吃饭，怎么样？	Qù chīfàn, zěnmeyàng?	
	ご飯を食べるの、どうですか？　→ご飯食べに行かない？	
今天吃法国菜，怎么样？	Jīntiān chī Fǎguócài, zěnmeyàng?	
	今日はフランス料理でどう？	
——好。Hǎo.／行。Xíng.	いいよ。	

"怎么"は「どんな」、"样"〔様〕は「よう」ですから、直訳すると「どのようですか？」という意味です。「～はどう？」と相手に意見を求める時、誘う時

に使えます。"去吃饭，怎么样？"なら、文字通りに訳せば「ご飯を食べるの、どうですか」の意味ですが、「ご飯食べに行かない？」という意味で使います。このように、文をまず言って、"怎么样"と言う言い方を覚えましょう。

　誘いに対して「いいよ」と答える時には、"好"、もしくは"行"と答えます。

③語気助詞"啊"

　本文では、"怎么样"と聞かれて、"好"とだけ答えず"好啊！"と答えています。この場合、"好"だけでも問題ありませんが、文末に"啊"をつけると話し手の強調する気持ちが表されます。日本語でも文末に「よ」や「ね」など、気持ちを表す言葉をつけますが、中国語でも同じように文末に微妙なニュアンスの言葉を付け加えて話し手の感情を表すのです。こういう助詞を語気助詞と呼びます。

④連体修飾語と"的" 1
B031

这里的饺子很好吃。	Zhèli de jiǎozi hěn hǎochī. ここの餃子はとてもおいしいです。
那是中国的花茶。	Nà shì Zhōngguó de huāchá. あれは中国のジャスミンティーです。
我喜欢吃猪肉的。	Wǒ xǐhuan chī zhūròu de. 私は豚肉のが好きです。

　"的"の基本的な意味は「の」です。"饺子很好吃。"なら、「餃子はおいしい。」ですが、「餃子」に修飾語「ここの」をつけると"这里的饺子很好吃。"になります。（厳密に言うと"的"と「の」はイコールではありません。詳しくは、また後で学習しましょう）。本文では"我喜欢吃猪肉的（私は豚肉のが好きです）"と出てきました。これは"我喜欢吃猪肉的饺子（私は豚肉の餃子が好きです）"

の省略と考えていいでしょう。餃子であることはわかりきっているので、省略

しているのです。

🎧 ⑤「何の」を表す"什么"
B032

你叫什么名字?	Nǐ jiào shénme míngzi?	あなたの名前は何ですか？
你吃什么菜?	Nǐ chī shénme cài?	あなたは何の料理を食べますか？
你看什么书?	Nǐ kàn shénme shū?	あなたは何の本を読みますか？
这是什么饺子?	Zhè shì shénme jiǎozi?	これは何の餃子ですか？

你喜欢吃什么样的饺子?　Nǐ xǐhuan chī shénmeyàng de jiǎozi?
あなたはどんな餃子が好きですか？

(什么样：どのような)

　"什么"はすでに、「何、どんな」という意味で勉強しましたが、「何の」という意味も表せます。第2課で学習した"你叫什么名字？"はムリヤリ直訳すれば「あなたはどんな名前と言いますか」です。本文で出てきた"这是什么饺子？"は「これは何の餃子ですか」です。「どのような」は"什么样"と言います。

🎧 ⑥指示詞"这""那"
B033

	这 zhè（これ）	那 nà（あれ、それ）	哪 nǎ（どれ）
～は～です	这是 zhè shì	那是 nà shì	
これ、あれ、どれ	这个 zhège	那个 nàge	哪个 nǎge
場所	这儿 zhèr、这里 zhèli	那儿 nàr、那里 nàli	哪儿 nǎr、哪里 nǎli

　日本語の指示詞には「これ、あれ、それ」のように、「こ、そ、あ」三つの系列に、疑問を表す「どれ」があります。中国語には「こ」系列に相当する"这"と「あ」系列に相当する"那"の二つに、疑問を表す"哪"があります。では「それ」はどうしたらいいのかというと、おおむね"那"になります。ただ、"这、那、哪"を単独で使うのはまれで、以下のように使います。

B034

这是什么?　　　　Zhè shì shénme?　　これは何ですか?

——那是饺子。　　Nà shì jiǎozi.　　　——それは餃子です。

近くにあるものを指して「これは～です」と言う時は"这是～"と言います。
自分から少し離れているものを指して「あれは～です」「それは～です」と言う
時は"那是～"と言います。

🎧 (2)"这个""那个""哪个"

B035

我喜欢这个。　　　Wǒ xǐhuan zhège.　　　　私はこれが好きです。

我喜欢这个饺子。　Wǒ xǐhuan zhège jiǎozi.　私はこの餃子が好きです。

这个叫什么?　　　Zhège jiào shénme?　　　これは何という名前ですか?

哪个是中国菜?　　Nǎge shì Zhōngguócài?　どれが中華料理ですか?

「これ、あれ、どれ」と言う場合、"这个、那个、哪个"を使うのが基本です(さ
らに詳しくは第11課で学習します)。"这个"はzhèige、"那个"はnèigeとも
発音します。

(3)"这儿""这里"／"那儿""那里"／"哪儿""哪里"

"儿"もしくは"里"がつくと、それぞれ「ここ、そこ、どこ」という場所を
表す言葉になります。"这儿"と"这里"、"那儿"と"那里"、"哪儿"と"哪里"
はそれぞれ同じなので、発音しやすいほうを使いましょう。北方の人ほど"儿"
の方を使います。

🎧 ⑦語気助詞"吧"の使い方1「～しよう」
B036

今天我们一起吃饺子吧。　　Jīntiān wǒmen yìqǐ chī jiǎozi ba.
　　　　　　　　　　　　　今日私たちは一緒に餃子を食べましょう。

一起去中国吧。　　　　　　Yìqǐ qù Zhōngguó ba.
　　　　　　　　　　　　　いっしょに中国に行きましょう。

我们学习汉语吧。　　　　　Wǒmen xuéxí Hànyǔ ba.
　　　　　　　　　　　　　私たちは中国語を勉強しましょう。

　文末につける語気助詞の **"吧"** は様々な使い方のできる非常に便利な単語です。使いこなせるようにしましょう。例文のように、「あなたと私」で「～しよう」という勧誘を表す表現を作ることができます。**英語で言えば** *Let's......* **と言う際**に、中国語ではこの語気助詞を使うのです。

🎧 ⑧選択疑問文 "还是"
B037

你喜欢喝花茶还是喝绿茶?　　Nǐ xǐhuan hē huāchá háishi hē lǜchá?
　　　　　　　　　　　　　　あなたはジャスミンティーを飲みますか、
　　　　　　　　　　　　　　それとも緑茶を飲みますか？

你是日本人还是中国人?　　　Nǐ shì Rìběnrén háishi Zhōngguórén?
　　　　　　　　　　　　　　あなたは日本人ですか、それとも中国人ですか？

你去中国还是去法国?　　　　Nǐ qù Zhōngguó háishi qù Fǎguó?
　　　　　　　　　　　　　　あなたは中国に行きますか、
　　　　　　　　　　　　　　それともフランスに行きますか？

　"还是" もいろいろな使い方ができますが、ここでは「それとも」という意味の **"还是"** の使い方をマスターしてください。なお、**"喝花茶还是喝绿茶"** のように、**"还是"** の後の動詞も省略できません。

67

練習問題

C015

補充単語　　做 zuò：作る　　做菜 zuò cài：料理を作る　　电影 diànyǐng：映画

練習問題① シャドーイング

C015

流れてくる中国語を繰り返しましょう。

① 　　　 ② 　　　 ③

練習問題②

C016

中国語の質問に対して、その後に指定される語句を使って答えましょう。

例：你去哪儿?　　图书馆　→　我去图书馆。

① 　　　 ② 　　　 ③ 　　　 ④ 　　　 ⑤

練習問題③

C017

日本語を聞いて、中国語で質問してみましょう。

① 　　　 ② 　　　 ③ 　　　 ④ 　　　 ⑤

コラム

③ 中国の飲み物

　中国のお茶は本文では**"绿茶 lǜchá（緑茶）"**と**"花茶 huāchá（ジャスミンティー）"**が出てきました。この二つが日常よく飲まれているものです。中国では水筒に直接茶葉を入れて、そこにお湯を注いで飲んでいることが多いです。レストランなどでは菊を入れた**"菊花茶 júhuāchá"**や**"乌龙茶 wūlóngchá（ウーロン茶）""红茶 hóngchá（紅茶）"**、**"普洱茶 pǔ'ěrchá（プーアル茶）"**なども飲まれています。日本でも定期的にブームが来るタピオカミルクティーは**"珍珠奶茶 zhēnzhū nǎichá"**と言います。**"奶"**がミルクの意味です。ビールはアルコール度数が４パーセント程度でやや低め。味もちょっと異なります。

❶

B038

A：Jīntiān jǐ yuè jǐ hào xīngqī jǐ?
今天 几 月 几 号 星期 几?

B：Jīntiān sìyuè liù hào xīngqīwǔ.
今天 四月 六 号 星期五。

A：Nǐ de shēngrì shì jǐ yuè jǐ hào?
你 的 生 日 是 几 月 几 号?

B：Wǒ de shēngrì shì bāyuè jiǔ hào.
我 的 生 日 是 八月 九 号。

❷

B039

A：Nǐ jīnnián duō dà?
你 今年 多 大?

B：Wǒ jīnnián èrshíyī suì. Nǐ ne?
我 今年 二十一 岁。你 呢?

A：Wǒ jīnnián èrshí'èr suì. Nǐ bàba hé māma ne?
我 今年 二十二 岁。你 爸爸 和 妈妈 呢?

B：Wǒ bàba wǔshíwǔ suì, Wǒ māma wǔshísì suì.
我 爸爸 五十五 岁，我 妈妈 五十四 岁。

❸

B040

A：Nǐ yào mǎi shénme?
你 要 买 什么?

B：Wǒ xiǎng mǎi yì píng kělè. Duōshao qián yì píng?
我 想 买 一 瓶 可乐。多少 钱 一 瓶?

A：Shí kuài.
十 块。

B：Yǒudiǎnr guì. Nà, wǒ yào mǎi liǎng píng shuǐ.
有点儿 贵。那，我 要 买 两 瓶 水。

A：Hǎo. Wǔ kuài.
好。五 块。

①

A：今日は何月何日何曜日？

B：今日は4月6日金曜日です。

A：あなたの誕生日は何月何日ですか？

B：私の誕生日は8月9日です。

②

A：あなたは今年何歳ですか？

B：私は今年21歳です。あなたは？

A：私は今年22歳です。あなたのお父さんとお母さんは？

B：私のお父さんは55歳、お母さんは54歳です。

③

A：あなたは何を買いたいですか？

B：私は1本コーラを買いたいです。1本いくらですか？

A：10元です。

B：ちょっと高いです。では、私は2本の水を買いたいです。

A：わかりました。5元です。

語 彙

①**几**〔幾〕jǐ：いくつ　**月** yuè：月（暦の）　**号** hào：日（暦の）

星期 xīngqī：曜日　→文法②　**生日** shēngrì：誕生日

多 duō：どれくらい

②**今年** jīnnián：今年　**岁** suì：歳　**呢** ne：〜は？　→文法③

爸爸 bàba：お父さん　**和** hé：〜と　**妈妈** māma：お母さん

③**要** yào：〜したい、〜が欲しい、〜が必要だ　→文法⑤　**买**〔買〕mǎi：買う

想 xiǎng：〜したい　→文法⑤　**一瓶** yì píng：一瓶の　→文法⑥

可乐 kělè：コーラ　**块**〔塊〕kuài：〜元　→文法⑦

多少钱〔钱→錢〕duōshao qián：いくら　→語彙ワンポイント①

有点儿 yǒudiǎnr：ちょっと　→語彙ワンポイント②

贵 guì：高い　**两**〔両〕liǎng：二　→文法⑥

📝 語彙ワンポイント

①"多少钱"

「いくら」と値段を尋ねるときは、この表現を使います。"多少"は、「どのくらい」と量を尋ねるときの表現です。なお、"钱"の右側は線が「銭」より一本少なくなっています。

②"有点儿"

「少し」を表しますが、ネガティヴな意味でしか使いません。ネガティヴではないときは"一点儿"（→第10課）を使います。"儿"を省略して"有点"、"一点"とも言います。その場合の"点"の発音は diǎn ですので［ディエン］になります。

📕 文法

①数詞1　100までの数字

まず100までの言い方を学習しましょう。

🎧 (1)1〜10
B041

一 yī、二 èr、三 sān、四 sì、五 wǔ、六 liù、七 qī、八 bā、九 jiǔ、十 shí

"四"は「シー」ではなく、「スー」、"六"は「リュー」ではなく「リョウ」、"九"は「ジュウ」ではなく、「ジョウ」という音なので注意（→音声編第2課）。

🎧 (2)11〜100
B042

十一 shíyī、十二 shí'èr、十三 shísān、十四 shísì、十五 shíwǔ、十六 shíliù、

十七 shíqī、十八 shíbā、十九 shíjiǔ、二十 èrshí、二十一 èrshíyī、

二十二 èrshí'èr、二十三 èrshísān、…三十 sānshí、…一百 yìbǎi

72

"十一" から "九十九" までは、"一" から "十" までの数字をそのまま組み
あわせればできます。理屈は簡単ですが、数詞は意外ととっさに使いこなすの
が難しいので、練習しましょう。

②曜日と日付の言い方

(1)曜日
B043

星期天（日）xīngqītiān、星期一（月）xīngqīyī、星期二（火）xīngqī'èr、

星期三（水）xīngqīsān、星期四（木）xīngqīsì、星期五（金）xīngqīwǔ、

星期六（土）xīngqīliù

日曜日は "星期天 xīngqītiān"（書き言葉では星期日 xīngqīrì）と言います。"星
期" のところは、"礼拜" とも言います。その場合「月曜日」は "礼拜一" です。

(2)日付と曜日
B044

今天几月几号星期几?	Jīntiān jǐ yuè jǐ hào xīngqī jǐ?
	今日は何月何日何曜日？
今天四月六号星期五。	Jīntiān sìyuè liù hào xīngqīwǔ.
	今日は 4 月 6 日金曜日です。

「〜月」と言いたい時には、"〜月" と、「〜」の部分に 1 から 12 までの数字
を入れます。「〜日」と言う場合には、"〜号" と言います。主に 1 から 10 ま
での数字を聞きたい場合には、疑問詞の "几〔幾〕" を使います。"今天几月几
号星期几?" ならば、「今日は何月何日何曜日？」です。

「今日は〜月〜日です」ならば、名詞述語文なのだから、"是" を使って、"今
天是四月六号" となるのではないか？　と思いますが、なぜか日付の場合、"是"
を省略するのが普通です。

🎧 (3) 年齢の聞き方

B045

你今年多大?	Nǐ jīnnián duō dà?	あなたは今年何歳ですか？
你今年几岁?	Nǐ jīnnián jǐ suì?	あなたは今年何歳ですか？
我今年二十二岁。	Wǒ jīnnián èrshí'èr suì.	私は今年 22 歳です。

最も一般的な年齢の聞き方は"今年多大?"です。10 歳以下と思われる小さ
い子供の場合、"几岁?"を使います。

また、年齢を言うときにも"是"は使わないのが普通です。

🎧 ③ "呢"の使い方

B046

| 你呢? | Nǐ ne? | あなたは？ |
| 日本人呢? | Rìběnrén ne? | 日本人は？ |

"呢"を使うと、「〜は？」という手軽な疑問文を作ることができます。

🎧 ④ "的"の省略

B047

我爸爸五十五岁，我妈妈五十四岁。　Wǒ bàba wǔshíwǔ suì, wǒ māma wǔshísì suì.
私の父は 55 歳、私の母は 54 歳。

| 我家 | wǒ jiā | 私の家 |
| 我们大学 | wǒmen dàxué | 私の大学 |

「の」を表すには、**"的"** を使うことを学習しました。「私の父」ならば、**"我的爸爸"** になりそうですが、**"的"** がありません。このように、[人称代名詞＋親族名称] の場合、**"的"** は通常省略します。同様に、**"我家（私の家）" "我们大学（私の大学）"** など、[人称代名詞＋所属先] の時にも **"的"** は用いられないのが普通です。パターンは限られているので、少しずつ覚えていきましょう。

🎧 ⑤ **"要"** と **"想"**
B048

我要吃饭。	Wǒ yào chīfàn.	私はご飯が食べたい
		（私はご飯を食べなくてはならない）。
我想学汉语。	Wǒ xiǎng xué Hànyǔ.	私は中国語を勉強したい。
你今天想去哪儿?	Nǐ jīntiān xiǎng qù nǎr?	あなたは今日どこに行きたいですか？

「〜したい」と願望を表すことは、海外では非常に重要なことです。すぐに言えるようにしたいところです。中国語では **"要"** と **"想"** を使います。その後に動詞を持って来れば完成です。**"要"** は、「必要」の「要」の字なので、「〜する必要がある、〜しなければならない」のニュアンスが強い「〜したい」であり、**"想"** のほうは控えめな願望を表します。文脈によっては、「〜できたらいいなあ」くらいのニュアンスになります。

🎧 ⑥ **量詞**
B049

一个人	yí ge rén	1人の人	
一本书	yì běn shū	1冊の本	
两瓶可乐	liǎng píng kělè	2本のコーラ	（瓶：瓶、またはペットボトル）

三支铅笔　sān zhī qiānbǐ　　　3本の鉛筆

　日本語にも「3人の人」「1冊の本」のように、何かを数える時にはその数えるものによって異なる数え方がありますが、中国語にも同様のものがあり、量詞と呼びます。人間を数える時には"个〔個〕"を使います。"一个人"なら「1人の人」という意味です。量詞は様々ありますが、中でもこの"个"が最もよく使われます。数え方がわからない場合、とりあえず"个"を使いましょう。

　本や辞典などを数える時には"本"を使います。ややこしいですが、"一本书"ならば、"一本"が「1冊」を表し、"书〔書〕"が本を表します。コーラ、お茶など、瓶に入っているものは、"瓶"で数えます。ペットボトルも"瓶"で数えるので注意です。

　なお、数字の「二」は通常は"二"ですが、量詞の前では"两"を使います。「2人の人」ならば、"两个人"です。

　鉛筆など、細長い筆記具類は"支"で数えます。

　このように、物によって数え方が違うので、徐々に覚えていきましょう。

🎧 ⑦お金の言い方
B050
　一块(元) yí kuài (yì yuán)　两毛(角) liǎng máo (liǎng jiǎo)　三分 sān fēn

　ご存知の通り、中国の通貨は元です。「一元」は、"一圆"というのが正式ですが、話し言葉ではほぼ使いません。"一块〔块→塊〕"と言います。また、1元の十分の一の単位を正式には"角"といいますが、話し言葉では"毛"といいます。その下の単位に"分"があり、角の十分の一ですが、インフレのため最近ではめったに目にしません。

📖 練習問題

補充単語　**便宜** piányi：安い

🎧 練習問題①
C018

読み上げられる数字を中国語で言いましょう。③では、量詞をつけて答えましょう。

①　　②　　③

🎧 練習問題②
C019

質問に中国語で答えましょう。

①　　②　　③

🎧 練習問題③
C020

質問に指定された語句を使って答えましょう。

①　　②　　③　　④

🎧 練習問題④
C021

日本語を聞いて「～したい」と言ってみましょう。

①　　②　　③

🎧 練習問題⑤
C022

日本語を聞いて、中国語で質問してみましょう。

①　　②　　③

❶

B051

Nǐ yǒu hěn duō shū!
坂本：你 有 很 多 书！

Wǒ dàgài yǒu yìbǎi duō běn.
约翰：我 大概 有 一百 多 本。

Tài duō le! Yǒu méi yǒu Zhōngwén de?
坂本：太 多 了！有 没 有 中 文 的？

Yǒu. Chàbuduō dōu shì Zhōngwén de.
约翰：有。差不多 都 是 中 文 的。

❷

B052

Yīngyǔ de shū nǐ bú kàn ma?
坂本：英语 的 书 你 不 看 吗？

Kàn shì kàn, xiànzài bú kàn. Méi yǒu shíjiān.
约翰：看 是 看，现在 不 看。没 有 时间。

Zhè shì wǒ de lǎoshī xiě de shū.
坂本：这 是 我 的 老师 写 的 书。

Nǐ de lǎoshī hěn lìhai!
约翰：你 的 老师 很 厉害！

❸　（家族の写真を見ながら）

B053

Nǐ jiā yǒu jǐ kǒu rén?
约翰：你 家 有 几 口 人？

Wǒ jiā yǒu wǔ kǒu rén, bàba、māma、jiějie、mèimei hé wǒ.
坂本：我 家 有 五 口 人，爸爸、妈妈、姐姐、妹妹 和 我。

Nǐ yǒu xiōngdìjiěmèi ma?
你 有 兄弟姐妹 吗？

Wǒ jiā yǒu yí ge gēge hé liǎng ge dìdi.
约翰：我 家 有 一 个 哥哥 和 两 个 弟弟。

Nà, zhège rén shì shéi?
坂本：那，这个 人 是 谁？

Tā shì wǒ gēge de nǚpéngyou.
约翰：她 是 我 哥哥 的 女朋友。

①

坂　本：たくさん本を持っていますね。

ジョン：私はだいたい100冊あまり持っています。

坂　本：多いね！　中国語のは持っていますか？

ジョン：あります。だいたい中国語のです。

②

坂　本：英語の本は、読まないのですか？

ジョン：読むことは読みますが、今は読みません。時間がありません。

坂　本：これは私の先生が書いた本です。

ジョン：あなたの先生はすごいですね。

③

ジョン：あなたは何人家族ですか？（あなたの家には何人いますか）

坂　本：5人家族です。お父さん、お母さん、お姉さん、妹と私です。兄弟はいますか？

ジョン：私の家には1人の兄と2人の弟がいます。

坂　本：ではこの人は誰ですか？

ジョン：彼女は私の兄のガールフレンドです。

語彙

①**有** yǒu：持っている、ある　→文法①　　　**大概** dàgài：だいたい

　多 duō：～あまり（数字についた場合）

　差不多 chàbuduō：だいたい　→文法②

　太~了 tài~le：あまりに～だ　→語彙ワンポイント①

　中文 Zhōngwén：中国語　→語彙ワンポイント②

②**现在** xiànzài：今　　**老师** lǎoshī：先生　　**厉害** lìhai：すごい

③**口** kǒu：家族の人数を数える量詞　　**兄弟姐妹** xiōngdìjiěmèi：兄弟

　姐姐 jiějie：姉　　**妹妹** mèimei：妹　　**哥哥** gēge：兄　　**弟弟** dìdi：弟

　朋友 péngyou：友達　　**女朋友** nǚpéngyou：ガールフレンド

語彙ワンポイント

①"太~了"

"非常"よりも程度が高く、「あまりに~だ」「~すぎる」を表します。"了"が出てこないこともあります。ネガティヴな意味で使うことが多いですが、"太好了!（すごくいいね）"のように、いい意味で使うこともあります。

②"中文"

「中国語」は"汉语"の他、"中文"とも言います。

文法

①所有を表す"有"

B054

你有很多书！ Nǐ yǒu hěn duō shū. あなたはたくさん本を持っていますね。

我大概有一百多本。 Wǒ dàgài yǒu yìbǎi duō běn.
私はだいたい100冊あまりの本を持っています。

你有中文的书吗？ Nǐ yǒu Zhōngwén de shū ma?
あなたは中国語の本を持っていますか？

他没有电视机。 Tā méi yǒu diànshìjī.
彼はテレビを持っていません。

你有没有日文的？ Nǐ yǒu méi yǒu Rìwén de?
あなたは日本語のを持っていますか？

「~を持っている」「~がある」を表すには、"有"を使います。「たくさん」は"很多"で、名詞を直接修飾することができます。"我大概有一百多本。"は"本"の後に"书"が省略されています。日本語と同じく、わかりきっていれば省略が可能です。

"有"の疑問文も"吗"をつけるのは、他の文と同じです。ただし、否定文は

異なります。**"不有"** とは言わず **"没有"** と言います。このため、反復疑問文は **"有没有"** という形になります。

なお、**"你有没有日文的?"** では、後ろに **"书"** が省略されています。ここで **"的"** は、「日本語<u>の</u>はもっていますか？」の「の」にあたります。このあたりは日本語の「の」の使い方とぴたりと符合します。**"有"** の疑問文には、肯定なら **"有"**、否定なら **"没有"** で答えます。

②"差不多""大概"
B055

我大概有一百多本。	Wǒ dàgài yǒu yìbǎi duō běn. 私はだいたい 100 冊あまり持っています。
差不多都是中文的。	Chàbuduō dōu shì Zhōngwén de. だいたいみんな中国語のです。

「だいたい」「約」とおおよその数を言いたい時には、**"差不多"** や **"大概"** を使います。副詞ですから動詞などの前に置きます。**"差不多"** は「差が多くない」が中心的な意味で、非常に多様な使い方ができる便利な言葉ですが、ここでは一番よく使う「だいたい」の用法を覚えておきましょう。

③"英语的书你不看吗?"と主題
B056

英语的书你不看吗?	Yīngyǔ de shū nǐ bú kàn ma? 英語の本は、あなたは読まないのですか？
你不看英语的书吗?	Nǐ bú kàn Yīngyǔ de shū ma? あなたは英語の本を読まないのですか？

中国語の語順は SVO なのですから、**"你不看英语的书吗?"** のほうが、通常の語順のように思われます。ところが本文では、**"英语的书你不看吗?"** と、意味的には目的語の **"英语的书"** が文頭に来ています。これはなぜでしょうか。

中国語は、このように意味的には目的語にあたるものが動詞の前に置かれることが非常に頻繁にある言語です。文頭に置かれると、**その文の主題になります。主題とは、話題にすること、話題になっていることです。**ここでは、坂本君がジョンさんに「中国語の本は持っているか」と聞いたところ、「ほとんど中国語の本だ」と言われています。ジョンさんはアメリカ人ですから、坂本君は当然、英語の本を読むものだと思っているわけです。そこで話題として「英語の本」をまず提起して話しはじめているのです。

🎧 ④**"看是看"**
B057

电视看是看，不太喜欢。	Diànshì kàn shì kàn, bú tài xǐhuan.
	テレビは見ることは見るが、好きではない。
音乐听是听，不喜欢唱歌。	Yīnyuè tīng shì tīng, bù xǐhuan chàng gē.
	音楽は聞くことは聞くが、歌は歌わない。

"看是看"で「見ることは見るが」という意味になります。よく使われる形式です。この二つの例文でも、意味的には目的語になる「テレビ」「音楽」が文頭に出ています。話題にしているためにです。なお、**"太〜了"**は「〜すぎる」でしたが、**"不太"**だと、「あまり〜ない」という部分否定になります。「歌を歌う」は**"唱歌"**です。

🎧 ⑤**連体修飾語と"的" 2**
B058

这是我的老师写的书。	Zhè shì wǒ de lǎoshī xiě de shū.
	これは私の先生が書いた本です。
那是他喜欢看的电视节目。	Nà shì tā xǐhuan kàn de diànshì jiémù.
	あれは彼が見るのが好きなテレビ番組です。
他现在想买的钢笔多少钱？	Tā xiànzài xiǎng mǎi de gāngbǐ duōshao qián?
	彼が今買いたい万年筆はいくらですか。

（钢笔：万年筆）

すでに"的"は「の」に相当すると学習しました。実は中国語の"的"は日本語よりも使用範囲が広く、連体修飾語を作るときに広く使うことができます。"老师写"ならば、「先生が書く」ですが、「先生が書いた本」と「本」を修飾する時には、"老师写的书"となります。二つ目の例文では、"他喜欢看"が「彼が見るのが好き」を表し、"的"で"电视节目（テレビ番組）"を修飾していますから、"他喜欢看的电视节目"で「彼が好きなテレビ番組」になります。三番目の例文では、"他现在想买的"が"钢笔（万年筆）"を修飾している構造で、全体で主語になっています。

🎧 ⑥家族の人数の聞き方
B059

你家有几口人？　Nǐ jiā yǒu jǐ kǒu rén?　あなたは何人家族ですか？

人間を数える時の量詞は"个"ですが、家族が何人いるかを尋ねる場合には"口"を使います。兄弟がいるかどうか聞く場合には、"有兄弟姐妹吗？"と必ず兄・弟・姉・妹の4文字を入れた聞き方をします。これで一単語と覚えてしまっていいでしょう。

🎧 ⑦"有"2「～に～がある」
B060

（場所）　　　（存在物）

我家　　　有　五口人。　Wǒjiā yǒu wǔ kǒu rén.
　　　　　　　　　　　　我が家は5人家族です。

图书馆里　有　很多书。　Túshūguǎn li yǒu hěn duō shū.
　　　　　　　　　　　　図書館の中にたくさんの本があります。

　　　　　　　　　　　　　　　　　　　　　　　（里：～の中）

北京大学　有　很多学生。　Běijīng Dàxué yǒu hěn duō xuésheng.
　　　　　　　　　　　　北京大学にはたくさんの学生がいます。

"有"は「持っている」ですが、[場所＋有＋存在物]の形で、「〜に〜がある（いる）」を表せます。否定は同じく"没有"です。なお、"图书馆里"と、"里（〜の中）"があることによって、場所を表す語になります。

📖 練習問題

$$\cdots\cdots\cdots\cdots\cdots\cdots\cdots\cdots\cdots\cdots\cdots$$

補充単語　　**每天** měitiān：毎日　　　**桌子上** zhuōzi shang：机の上

　　　　　　　苹果 píngguǒ：リンゴ

🎧 練習問題①

C023

中国語の質問に、あなたの状況に即して答えましょう。

　①　　　②　　　③

🎧 練習問題②

C024

指定される日本語を中国語にして発音しましょう。

　①　　　②　　　③　　　④

🎧 練習問題③

C025

質問に指定された語句を使って答えましょう。

　①　　　②

🎧 練習問題④

C026

指定される語句を空欄にあてはめて**"有"**を使った文を完成させましょう。

| A（場所） | 有 | B（存在物） |

例：図書館の中／たくさんの本　→　图书馆里有很多书。

　①　　　②　　　③

第8課 時間と時間量

1

B061

坂本：Nǐ měitiān xuéxí jǐ ge xiǎoshí?
你 每天 学习 几 个 小时？

约翰：Chàbuduō wǔ ge xiǎoshí.
差不多 五 个 小时。

坂本：Nǐ xué de shì Hànyǔ ma?
你 学 的 是 汉语 吗？

约翰：Hànyǔ xuéxí yì-liǎng ge xiǎoshí.
汉语 学习 一两 个 小时。

2

B062

坂本：Nà hái xuéxí shénme?
那 还 学习 什么？

约翰：Wǒ hái xuéxí sān-sì ge xiǎoshí wénxué.
我 还 学习 三四 个 小时 文学。

坂本：Hěn lìhai ya.
很 厉害 呀。

约翰：Nǐ xuéxí jǐ ge xiǎoshí?
你 学习 几 个 小时？

坂本：Wǒ xuéxí sānshí fēn zhōng.
我 学习 三十 分 钟。

3

B063

坂本：Xiànzài jǐ diǎn?
现在 几 点？

约翰：jiǔ diǎn. Nǐ měitiān jǐ diǎn shuì?
九 点。你 每天 几 点 睡？

坂本：Wǒ měitiān wǎnshang shí'èr diǎn shuì, zǎoshang liù diǎn sānshí fēn
我 每天 晚上 十二 点 睡，早上 六 点 三十 分
qǐlái.
起来。

约翰：Liù diǎn bàn qǐlái! Tài zǎo le.
六 点 半 起来！太 早 了。

①

坂　本：あなたは毎日何時間勉強しますか？

ジョン：だいたい 5 時間です。

坂　本：あなたが勉強しているのは中国語ですか？

ジョン：中国語は 1、2 時間です。

②

坂　本：それではさらに何を勉強していますか？

ジョン：私はまた 3、4 時間文学を勉強しています。

坂　本：すごいですね。

ジョン：あなたは何時間勉強しますか？

坂　本：私は 30 分勉強します。

③

坂　本：今何時ですか？

ジョン：9 時です。あなたは毎日何時に寝るんですか？

坂　本：私は毎日 12 時に寝て、朝 6 時 30 分に起きます。

ジョン：6 時半に起きる！　早すぎます。

語 彙

①**每天** měitiān：毎日　　**〜个小时** 〜ge xiǎoshí：〜時間

②**那** nà：それでは　　**还** hái：また、さらに

　呀 ya："啊"と同じく、感嘆などの気持ちを表す

　分钟 fēn zhōng：〜分間　→文法③

③**点** diǎn：〜時　　**睡** shuì：寝る　　**晚上** wǎnshang：夜

　早上 zǎoshang：朝　　**分** fēn：〜分　　**起来** qǐlái：起きる　　**半** bàn：半

　早 zǎo：早い

"厉害"

第 7 課にも出てきましたが「すごい！」「すげー！」と言いたい時に非常によく使う単語です。

📚 **文法** ●●●

🎧 **①時点と時間量**
B064

你每天学习几个小时？	Nǐ měitiān xuéxí jǐ ge xiǎoshí? あなたは毎日何時間勉強しますか？
我每天学习五个小时。	Wǒ měitiān xuéxí wǔ ge xiǎoshí. 私は毎日 5 時間勉強します。
我还学习三四个小时文学。	Wǒ hái xuéxí sān-sì ge xiǎoshí wénxué. 私はまた 3、4 時間文学を勉強します。
你学的是汉语吗？	Nǐ xué de shì Hànyǔ ma? あなたが勉強しているのは中国語ですか？
——汉语学习一两个小时。	Hànyǔ xuéxí yì-liǎng ge xiǎoshí. ——中国語は 1、2 時間勉強します。

　第 4 課で学んだ通り、中国語では時や場所を表す言葉は動詞の前に置かれます。より正確に言うと、「いつ行うか」という**時点**を言う場合には、動詞の前に置かれます。一方で、その動作をどのくらいの長さ行ったか、という時間量（時間の長さ）や、何回行ったか（回数）を言う場合には、動詞の後に置かれます。**"你每天学习几个小时？"** では、**"每天（毎日）"** が時点を表し、**"几个小时（何時間）"** は、動詞 **"学习"** の後におかれ、その動作の時間量を表します。

　時間量に目的語が伴う場合は、その時間量の後に置かれます。**"我还学习三四个小时文学"** では、**"学习"** が動詞、**"三四个小时文学"** 全体が目的語フレーズで、

直訳すれば「3、4時間の文学（を学習する）」という構造になっていると考えましょう。"你每天学习几个小时？" は "几个小时" の後に目的語が省略されていると考えてもよいでしょう。初学者は "你每天学习文学三四个小时" のように、[動詞＋目的語＋時間量] としてしまいがちなので要注意です。

　ただ、この構文を取るときも、目的語はよく先頭に出されます。本文の "汉语学习一两个小时" では "汉语" が前に来ています。これは、その直前に "你学的是汉语吗？（あなたが勉強しているのは中国語ですか？）" と "汉语" が話題として挙げられているからです。ジョンさんは5時間くらい勉強するというので、坂本さんは「中国語を勉強しているのか」と尋ねました。話題は中国語になっています。話題を最初に言わないと、おかしな感じになります。実際にコミュニケーションすればわかりますが、相手の言ったことから話しはじめるほうが、その間に後ろの文を考えられるため、話しやすいのです。

②"你学的是汉语吗？"

　"你学的" とすると、「あなたが学んでいるもの」「あなたが学んだもの」という意味で、名詞的に使うことができます。この場合の "的" は日本語の「の」にほぼ相当しています。

③「～時間」の言い方と「～時」の言い方

B065

| 你每天几点睡？ | Nǐ měitiān jǐ diǎn shuì? | あなたは毎日何時に寝ますか？ |
| 你每天睡几个小时？ | Nǐ měitiān shuì jǐ ge xiǎoshí? | あなたは毎日何時間寝ますか？ |

我每天晚上十二点睡，早上六点起来。
　　　　　Wǒ měitiān wǎnshang shí'èr diǎn shuì, zǎoshang liù diǎn qǐlái.
　　　　　私は毎日夜12時に寝て、朝6時に起きます。

我学习三十分钟。　Wǒ xuéxí sānshí fēn zhōng.　私は30分間勉強します。

「〜時」は"〜点"と言います。3時なら"三点"です。「〜時間」は"〜个小时"を用います。「〜時」は時点を表す言葉なので動詞の前に置きます。"你每天几点睡？"では、"每天（毎日）"も"几点（何時に）"も時点なので動詞"睡"よりも前に置いてあります。日本語も「毎日何時に寝る」ですからまったく同じ語順です。"我每天晚上十二点睡，早上六点起来"も、"每天""晚上""十二点""早上""六点"はすべて時点を表す言葉なので、動詞よりも先に置いてあります。

　また「何時何分」の「分」は"分"を使いますが、「〜分間」の場合には"分钟"を使います。

📖 練習問題 ......

補充単語　　**起床** qǐchuáng：起きる　　**一般** yìbān：普通

🎧 **練習問題①**
C027
中国語の質問に、あなたの状況に即して答えましょう。

②は"**差不多**"を使ってみましょう。

①　　②　　③　　④　　⑤

🎧 **練習問題②**
C028
日本語を聞いて、中国語で言ってみましょう。

①　　②　　③　　④

第5課～第8課　総合練習問題

　2課～4課では、名詞述語文、形容詞述語文、動詞述語文の三つの類型を学習しました。この5～8課では、それぞれの文型に関して、修飾語をつける構造を学習しました。ここでまとめて練習してみましょう。

補充単語　　比較 bǐjiào：わりと　　好喝 hǎohē：(飲み物が) おいしい

練習問題①
C029

　指定される語句を空欄にあてはめて文を完成させましょう。

例：この人／日本人　→　这个人是日本人。

（修飾語＋）A			（都／也／还など）是			（修飾語＋）B		
①	②	③	④	⑤	⑥	⑦	⑧	⑨

練習問題②　形容詞述語文
C030

（修飾語＋）A			很など			B	
①	②	③	④	⑤	⑥	⑦	⑧

練習問題③
C031

（時間）		A		（副詞）		動詞		B	
①	②	③	④	⑤	⑥	⑦	⑧	⑨	⑩
⑪	⑫	⑬	⑭	⑮	⑯	⑰	⑱	⑲	⑳

練習問題④
C032

　日本語を聞いて、中国語で言ってみましょう。

①	②	③	④	⑤	⑥	⑦	⑧	⑨	⑩

④ 人名の発音

　中国では日本人名も韓国人名も、漢字を中国語の発音で呼んでいます。日本でも伝統的には中国人名を日本の漢字音で呼び続けていました。最近になって、中国語の固有名詞を中国語の発音に似たカタカナで表記することが増えてきました。その背景には、「現地の読み方が本来的である」との考えがあります。しかしこの考え方は欧米などの音声中心主義的思考法に毒されたものです。中国を含む東アジア圏では、「どう書くか」が重要であって、その読み方は副次的なものなので、「唯一絶対の読み方がある」とは考えていませんでした。日本でも戸籍は漢字表記のみで、読み方を書くものではありませんし、作家の開高健はカイコウタケシと訓読みして読んでも、カイコウケンと音読みで読んでも良いのです。個人的には中国の固有名詞をカタカナだけで表記するのは反対です。歴史的にも漢字として認識してきたものだからです。

介詞（前置詞）从（～から）、到（～まで）、在（～で）

❶
B066

约翰：
Cóng Rìběn dào Zhōngguó yào duōcháng shíjiān?
从 日本 到 中国 要 多 长 时间？

坂本：
Zuò fēijī chàbuduō sì ge xiǎoshí.
坐 飞机 差不多 四 个 小时。

约翰：
Nà, bú tài yuǎn. Měiguó fēicháng yuǎn.
那，不 太 远。美国 非常 远。

坂本：
Duì, Rìběn bǐjiào jìn.
对，日本 比较 近。

❷
B067

约翰：
Wǒ xiǎng qù Gùgōng cānguān yíxià.
我 想 去 故宫 参观 一下。

坂本：
Wǒ yě xiǎng qù. Gùgōng zěnme zǒu?
我 也 想 去。故宫 怎么 走？

约翰：
Cóng dōngmén chūqu, zuò dìtiě qù.
从 东门 出去，坐 地铁 去。

坂本：
Shénme shíhou qù?
什么 时候 去？

约翰：
Xià xīngqīliù, zěnmeyàng?
下 星期六，怎么 样？

❸
B068

约翰：
Wéi, nǐ zài nǎr?
喂，你 在 哪儿？

坂本：
Wǒ zài fángjiān li tīng yīnyuè.
我 在 房间 里 听 音乐。

约翰：
Nǐ bú shì shuō jīntiān yìqǐ qù Gùgōng ma?
你 不 是 说 今天 一起 去 故宫 吗？

坂本：
Ā duì le. Bù hǎoyìsi, wǒ wàng le.
啊，对 了。不 好意思，我 忘 了。

①

ジョン：日本から中国までどのくらいの時間かかりますか？

坂　本：飛行機でだいたい4時間です。

ジョン：それなら、あまり遠くないですね。アメリカはとても遠いです。

坂　本：そうですね。日本は比較的近いです。

②

ジョン：故宮をちょっと見に行きたいです。

坂　本：僕も行きたいです。故宮はどうやって行きますか？

ジョン：東門から出て、地下鉄で行きます。

坂　本：いつ行きますか？

ジョン：次の土曜日でどうですか？

③

ジョン：もしもし、今どこですか？

坂　本：部屋で音楽を聴いています。

ジョン：今日いっしょに故宮に行くって言ってませんでしたか？

坂　本：あ、そうでした。ごめんなさい、忘れてました。

語 彙

①从〔從〕cóng：〜から　　到 dào：〜まで　→文法①　多长时间 duōcháng
shíjiān：どのくらい（時間について）　要 yào：いる、かかる

坐 zuò：乗る、座る　→語彙ワンポイント②　　飞机〔飛機〕fēijī：飛行機

不太 bú tài：あまり〜でない　　远〔遠〕yuǎn：遠い

比较 bǐjiào：わりと　→語彙ワンポイント③　　近 jìn：近い

②故宫 Gùgōng：故宮　　参观 cānguān：見学する

一下 yíxià：ちょっと　→語彙ワンポイント④　　怎么 zěnme：どうやって

走 zǒu：行く　→語彙ワンポイント⑤　　出去 chūqu：出ていく

地铁 dìtiě：地下鉄　　什么时候 shénme shíhou：いつ　→文法④

下星期六 xià xīngqīliù：来週の土曜日

③在 zài：〜にいる、〜にある　　在 zài：〜で　→文法①　房间 fángjiān：部屋

里 li：〜の中　　音乐 yīnyuè：音楽　　说 shuō：言う　　不是〜吗 búshì〜

ma：〜じゃないのか　　对了 duì le：そうだ　　忘了 wàng le：忘れた

🗒️ 語彙ワンポイント

・・・

🎧 ①"要多长时间?"
B069

　時間の長さを聞くときは、この**"要多长时间?（どのくらいの時間かかりま**すか）"**を使います。「何時間かかりますか？」という質問は**"要几个小时?"**、「何分かかりますか」なら、**"要几分钟?"**と言います。単独でも使えますし、「〜するのにどのくらい時間がかかりますか」と言うには、**"要多长时间?"**の前にそれをつけます。

　　去中国要多长时间?　　Qù Zhōngguó yào duōcháng shíjiān?
　　　　　　　　　　　　　　中国に行くのに、どれくらい時間がかかりますか？

🎧 ②"坐"
B070

　中心の意味は「座る」ですが、「乗り物などに乗る」場合にもこの動詞を使います。

　　坐飞机　　zuò fēijī　　　　　　　飛行機に乗る

　　坐公交车　　zuò gōngjiāochē　　バスに乗る

　　坐地铁　　zuò dìtiě　　　　　　　地下鉄に乗る

③"比较"

　「比較的」「わりと」の意味です。形容詞の前には、必ず何かを置くと学習しました。初級では**"很好吃"**のように、意味のない**"很"**を使うと説明しますが、実際に一番使われるのはこの**"比较"**です。すでに学習した**"非常""很""有点儿"**などとセットで覚えましょう。

④"一下"

　動詞に**"一下"**をつけると、「ちょっと〜する」の意味になります。

⑤**"怎么走?"**

"走"には、「基点から出発する」という意味があります。どうやって行くのか尋ねる場合には一般的に**"怎么去"**ではなく、**"怎么走"**と言います。

🎧 ⑥**"在哪儿?"**
B071

どこにいるのか、あるのかを尋ねる場合に使用する表現です。

厕所在哪儿?	Cèsuǒ zài nǎr?	トイレはどこですか？
图书馆在哪儿?	Túshūguǎn zài nǎr?	図書館はどこですか？

📘 **文法**
....

🎧 ①**介詞（前置詞）"从（～から）"、"到（～まで）"、"在（～で）"**
B072

从东门出去。　　Cóng dōngmén chūqu.　東門から出ていく。

从日本到中国要多长时间?　Cóng Rìběn dào Zhōngguó yào duōcháng shíjiān?
日本から中国までどのくらいの時間かかりますか？

到我家要两个小时。　Dào wǒ jiā yào liǎng ge xiǎoshí.
私の家まで2時間かかります。

他们在图书馆看书。　Tāmen zài túshūguǎn kàn shū.
彼らは図書館で本を読んでいます。

我在房间里听音乐。　Wǒ zài fángjiān li tīng yīnyuè.
私は部屋で音楽を聴いています。

英語の場合、前置詞句は動詞よりも後に来ますが、**中国語では動詞よりも前に置きます**。中国語の原則は前から後ろを修飾ですから「東門から出ていく」ならば構造は「東門から」が「出ていく」という動詞にかかるわけで、中国語ではそのまま**"从东门（東門から）""出去（出ていく）"**と並べます。**"从日本到中国要多长时间?"**では**"从日本到中国"**が「日本から中国まで」を表します。

“到”は「～まで」の意味です。“要”は「必要とする」が中心の意味で、ここでは「かかる」、“多长时间？”で「どのくらいの時間」です。“要多长时间”でそのまま覚えましょう。

　“他们在图书馆看书。”は、“他们看书”に場所を表す前置詞句“在图书馆（図書館で）”が加わった形です。このように、「（～が）～で～する」と言うとき、[（主語＋）“在”＋場所＋動詞句] という形で文を作ります。

②連動文
B073

我去吃饭。	Wǒ qù chīfàn.	私はご飯を食べに行く。
我去食堂吃饭。	Wǒ qù shítáng chīfàn.	私は食堂にご飯を食べに行く。
我想去故宫参观一下。	Wǒ xiǎng qù Gùgōng cānguān yíxià.	
	私は故宮に行ってちょっと見学してみたい。	
坐地铁去。	Zuò dìtiě qù.	地下鉄に乗っていく。

　英語とは異なり、中国語の文は、動詞が複数出てくることがあります。**その場合、動作が行われる順番に並べます。**日本語で「ご飯を食べに行く」というのは、どこかに行ってから食べるわけですから、中国語では“我去吃饭。”の語順になります。

　一つ目の動詞に目的語がつくパターンもあります。“我去食堂吃饭。”なら、「私は食堂に行ってご飯を食べる」です。“我想去故宫参观一下。”はやや複雑ですが“我想”で「私は～したい」、“去故宫参观一下”で「故宮に行ってちょっと見学する」です。

🎧 **B074**

（参考）動詞の"在"と前置詞の"在"

喂，你在哪儿?	Wéi, nǐ zài nǎr?	もしもし、あなたはどこにいますか？
我在图书馆。	Wǒ zài túshūguǎn.	私は図書館にいる。
我在图书馆看书。	Wǒ zài túshūguǎn kàn shū.	私は図書館で本を読む。
我在房间里。	Wǒ zài fángjiān li.	私は部屋の中にいる。
我在房间里学习。	Wǒ zài fángjiān li xuéxí.	私は部屋の中で学習する。

　中国語の前置詞は基本的に動詞がその意味を弱めた結果成立したものです。"在"は動詞の意味は「〜にいる」です。本文では"喂，你在哪儿?"とでてきました。これは「あなたはどこにいますか？」の意味です。次の"我在图书馆。"ならば、「私は図書館にいる」の意味です。

　"我在图书馆看书"は、「私は図書館にいて、本を読む」と解釈できますが、この"在"は弱まっており、「〜で」という場所を表す前置詞になっているのです。

🎧 **B075**

③"有"と"在"の違い

（場所）		（存在物）	（存在物）		（場所）

图书馆里　有　很多书。
Túshūguǎn li yǒu hěn duō shū.
図書館にはたくさんの本がある。

老师写的书　在　图书馆里。
Lǎoshī xiě de shū zài túshūguǎn li.
先生の書いた本は図書館の中にある。

北京大学　有　很多日本学生。
Běijīng dàxué yǒu hěn duō Rìběn xuésheng.
北京大学にはたくさんの日本人学生がいる。

坂本　在　北京大学。
Bǎnběn zài Běijīng dàxué.
坂本は北京大学にいる。

　「〜に〜がある（いる）」と言う表現をここまで二つ、"有"と"在"を学習しました。この両者の使い分けをここで学習しましょう。"有"を使う構文ではまず先に場所を言います。「〜には〜がある」という意味で、英語なら *there is / there are* を使って表す場合です。言いたいことの重点は、後ろ側、すなわち「存在しているもの」の方にあります。"北京大学有很多日本学生。"なら、"日本学生"の方を特に言いたい時に使います。

　また、"有"を使う構文では、存在するものは基本的に不特定のものです。英

語の *there is ／ there are* も、不特定のものが存在するときにしか使えないので、*There is a book on the table.* とは言いますが、*There is the book on the table.* とはなりません。特定のものがどこにあるのか言う場合には、*The book is on the table.* と言います。**要するに、存在することがあらかじめ分かっているものは、主語になるのです。**中国語でも同じで、「その本は机の上にある」ならば、"那本书在桌子上。"と言います。

　このように、"在"を使った構文では、[存在物＋"在"＋場所]の形になるので"有"と逆になります。"坂本在北京大学。"では、坂本さんという誰だか特定されている人が、「北京大学にいる」ことが重点的に表現されている形です。やはり後ろ側に伝えたい情報の重点があります。

④方法を訊ねる"怎么"と時を訊ねる"什么时候"
B076

故宫怎么走？	Gùgōng zěnme zǒu?	故宫はどうやって行くのですか？
这个怎么吃？	Zhège zěnme chī?	これはどうやって食べるのですか。
这个字怎么念？	Zhège zì zěnme niàn?	この字はどう読むのですか？
什么时候去？	Shénme shíhou qù?	いつ行きますか？
什么时候学习？	Shénme shíhou xuéxí?	いつ勉強しますか？

　どうやってするのか聞く場合には、"怎么"を使います。いつするのかを聞くには、"什么时候"を使います。"怎么念"の"念"は「声に出して読む」という意味なので、「どう読むか」の意味になります。"这个字怎么念。"と言うと、漢字の読み方を聞くことができます。読み方がわからない漢字が出てきたら、中国人にこう言って発音を聞きましょう。なお、"念书"なら、「本を音読する」の意味になり、中国の教室ではよく先生が"念一下（読んでみて）"と生徒に言います。

📖 練習問題

補充単語　上海 Shànghǎi：上海　　火车 huǒchē：列車　　离 lí：〜から

骑自行车 qí zìxíngchē：自転車に乗る　　公交车 gōngjiāochē：バス

支 zhī：鉛筆などのペンを数える量詞

笔 bǐ：鉛筆、ボールペンなど筆記具の総称　　书店 shūdiàn：書店

新宿 Xīnsù：新宿　　开始 kāishǐ：〜し始める

下星期一 xià xīngqīyī：来週の月曜日　　车站 chēzhàn：駅

工作 gōngzuò：仕事　　餐厅 cāntīng：レストラン

公司 gōngsī：会社

🎧 練習問題①
C033

質問に指定された語句を使って答えましょう。

①　　②　　③　　④

🎧 練習問題②
C034

質問に指定された語句を使って答えましょう。

①　　②　　③

🎧 練習問題③
C035

日本語を聞いて、中国語で言ってみましょう。

①　　②　　③　　④　　⑤

🎧 練習問題④
C036

質問に指定された語句を使って答えましょう。

①　　②　　③　　④

第10課　完了を表す "了"

🎧❶
B077

坂本：Nǐ　Hànyǔ　xuéle　duōcháng　shíjiān?
你　汉语　学了　多　长　时间？

约翰：Hànyǔ,　Wǒ　yǐjīng　xuéle　sì　nián.
汉语，我　已经　学了　四　年。

坂本：Hànyǔ　nán　bu　nán?
汉语　难　不　难？

约翰：Xiě　Hànzì　bǐjiào　nán,　fāyīn　yě　bù　róngyì.
写　汉字　比较　难，发音　也　不　容易。

🎧❷
B078

约翰：Nǐ　mǎile　xiē　shénme?
你　买了　些　什么？

坂本：Wǒ　gěi　nǐ　mǎile　sì　ge　bīngqílín.
我　给　你　买了　四　个　冰淇淋。

约翰：Wǒmen　fángjiān　méi　yǒu　bīngxiāng.　Mǎile　nàme　duō, dǎsuan　zěnme
我们　房间　没　有　冰箱。买了　那么　多，打算　怎么

bàn?
办？

坂本：Wǒ　chī　sān　ge.　Gěi　nǐ　yí　ge.
我　吃　三　个。给　你　一　个。

约翰：Ò,　xièxie.　Guàibude　nǐ　nàme　pàng.
哦，谢谢。怪不得　你　那么　胖。

①

坂　本：あなたは中国語はどのくらい勉強しましたか？

ジョン：中国語は、私はもう4年勉強しました。

坂　本：中国語は難しいですか？

ジョン：漢字を書くのはわりと難しく、発音も簡単ではありません。

②

ジョン：あなたは何を買いましたか？

坂　本：私はあなたに四つのアイスを買いました。

ジョン：私たちの部屋には冷蔵庫がありません。そんなに多く買って、どうするつもりですか？

坂　本：私は三つ食べます。一つあなたにあげます。

ジョン：ああ、ありがとうございます。どうりであなたはそんなに太っているわけだ。

語 彙

①了 le：完了を表す　→文法①　　难 nán：難しい

写 xiě：書く　※"写"の最後の横の線は、日本語と異なり、突き抜けません。

汉字 Hànzì：漢字　　发音 fāyīn：発音　　容易 róngyì：簡単

②些 xiē：いくつか　→語彙ワンポイント①

冰淇淋 bīngqílín：アイス　　冰箱 bīngxiāng：冷蔵庫

那么 nàme：そんなに　　打算 dǎsuan：～するつもりだ　→文法⑤

怎么办 zěnme bàn：どうする？　　给 gěi：あげる　→文法⑥

怪不得 guàibude：どうりで　　胖 pàng：太っている

🎧 ❸
B079

Diànshìjī nǐ mǎile méiyou?
约翰：电视机 你 买了 没有？

Wǒ xiǎng kàn diànshì, dànshì hái méiyou mǎi.
坂本：我 想 看 电视，但是 还 没有 买。

Wǒ zuótiān yǐjīng mǎile xīn de, jiù de diànshìjī nǐ mǎi ma?
约翰：我 昨天 已经 买了 新 的，旧 的 电视机 你 买 吗？

Duōshao qián?
坂本：多 少 钱？

Yìqiān sān, zěnmeyàng?
约翰：一千 三，怎 么 样？

Tài guì le. piányi yìdiǎnr ba.
坂本：太 贵 了。便宜 一点儿 吧。

● ●

📝 語彙ワンポイント

①"你买了些什么?"の"些"

"些"は「いくつか」という不特定の数を表します。"你买了什么？"だけでも「あなたは何を買いましたか？」となり、ほぼ同じ意味ですが、買ったものが複数あると予測される場合、このように"些"を入れることがあります。

②"电视"と"电视机"

「テレビを見る」といった意味の場合、"电视"を使いますが、テレビの機械そのものをさす場合には、"电视机"と言います。"看电视机"と言ってしまうと、テレビの本体そのものを眺める、という意味になり、「テレビ番組を見る」には

104

③

ジョン：テレビは買いましたか？

坂　本：テレビを見たいのですが、まだ買っていません。

ジョン：私は昨日すでに新しいのを買いました、古いテレビをあなたは買いますか？

坂　本：いくらですか？

ジョン：1300 でどうでしょうか。

坂　本：高すぎます。もう少し安くしてください。

語 彙

③**电视机** diànshìjī：テレビ　→語彙ワンポイント②　　　**但是** dànshì：しかし

还 hái：まだ　　**没有** méiyou："了"を否定する　→文法②

已经 yǐjīng：すでに　　**新** xīn：新しい　　**旧** jiù：古い　　**便宜** piányi：安い

一点儿 yìdiǎnr：ちょっと　→語彙ワンポイント③

● ●

ならないので注意してください。

③**"一点儿"**

B080

吃一点儿　　chī yìdiǎnr　　ちょっと食べる

高一点儿　　gāo yìdiǎn　　ちょっと高い

好一点儿　　hǎo yìdiǎnr　　ちょっと良い

「ちょっと」を表す**"一点儿"**は、動詞、もしくは形容詞の後につきます。

. . . .

🎧 ①完了を表す"了"
B081

我昨天学了汉语，（然后吃饭。） Wǒ zuótiān xuéle Hànyǔ, (ránhòu chīfàn.)
　　　　　　　　　　　　　　　　　私は昨日中国語を勉強して、（ご飯を食べた。）

我昨天学了汉语了。 Wǒ zuótiān xuéle Hànyǔ le. 私は昨日中国語を勉強した。

我昨天学汉语了。 Wǒ zuótiān xué Hànyǔ le. 私は昨日中国語を勉強した。

　中国語の動詞には時制（テンス）を表す形がありません。過去形がないのです。
とはいえ、完了を表す表現はあります。過去にある動作が一度行われたことを
表すには、**基本的に動詞の後に完了を表す"了"をつけます**。"我学汉语"は、「私
は中国語を勉強する」でした。「昨日私は中国語を勉強した」なら、"了"をつ
ければいいので"我昨天学了汉语"となりそうです。

　ところが、このように動詞に"了"がついて、**なおかつ目的語に何の修飾語
もつかない場合**、文が完結しません。「私は昨日中国語を勉強して、（それが終わっ
てから～した）」という意味になってしまいます。"我昨天学了汉语,然后吃饭（私
は昨日中国語を勉強して、それからご飯を食べた）"ならば、正しい中国語です
（"然后"ránhòu は「それから」の意味）。

　では後ろに何も続けず、文を終えるにはどうしたらいいでしょうか。まず、
文末にもう一つ"了"を加えるという方法があります。そうすると"我昨天学
了汉语了。"となり、「私は昨日中国語を勉強した」の意味になります。しかし、
こんなに短い間に"了"が 2 回も出てくるのは煩わしいため、最初の"了"は
省略されるのが普通で、その場合"我昨天学汉语了。"になります。

　さて、先ほど「目的語に何の修飾語もつかない場合、文が完結しない」と述
べました。次のように、目的語に何かついた場合には、文をそのままで終わり
にできます。

🎧 B082

我学了三年汉语。　Wǒ xuéle sān nián Hànyǔ.　私は 3 年間中国語を勉強した。

我吃了三个饺子。　　Wǒ chīle sān ge jiǎozi.　　私は餃子を三つ食べた。

昨天我买了很多书。　Zuótiān wǒ mǎile hěn duō shū.
　　　　　　　　　　昨日私はたくさんの本を買った。

　このように、目的語に「どのくらいその動作を行ったか」などの修飾語がついた場合には、そのまま文を終わりにすることができます。この場合、"了"は動詞の後に一つだけで構いません（文末にもう一つ"了"を置くと、ニュアンスが変わります→**発展**）。

　"我学了三年汉语。"では、"汉语"の前に"三年"と期間を表す修飾語がついていますし、"我吃了三个饺子。"では、"饺子"の前にその食べた個数を表す言葉"三个"がついているので、これで文を終わりにできます。

　次に、目的語にあたるものが前に出るパターンを見ましょう。

🎧 B083

我汉语学了。　Wǒ Hànyǔ xuéle.　　私は中国語は勉強しました。

汉语我学了。　Hànyǔ wǒ xuéle.　　中国語は、私は勉強しました。

你汉语学了多长时间?　Nǐ Hànyǔ xuéle duōcháng shíjiān?
　　　　　　　　　　あなたは中国語はどのくらい (の期間) 勉強しましたか。

汉语你学了多长时间?　Hànyǔ nǐ xuéle duōcháng shíjiān?
　　　　　　　　　　中国語は、あなたはどのくらい勉強しましたか。

我汉语学了三年。　Wǒ Hànyǔ xuéle sān nián.
　　　　　　　　　私は中国語は 3 年勉強しました。

汉语我学了三年。　Hànyǔ wǒ xuéle sān nián.
　　　　　　　　　中国語は、私は 3 年勉強しました。

我昨天学了三个小时英语。　Wǒ zuótiān xuéle sān ge xiǎoshí Yīngyǔ.
　　　　　　　　　　　　私は昨日 3 時間英語を勉強しました。

目的語を前に出した形、"我汉语学了。"、もしくは"汉语我学了。"も使用できます。この場合、「中国語」が話題になる形なので、例えば誰かに「中国語勉強したの？」などと問われたときなどは、「中国語に関していえば勉強した」という意味でこの形を使用します（他は勉強していないけれども、のニュアンスが出ることがあります）。

"你汉语学了多长时间？"は、"你学了多长时间汉语？"と言っても構いません。さらに、"汉语你学了多长时间？"と言うことも多くあります。しかし、中国語の原則は話題になっていたら前に出す、でした。本文中でジョンさんが"汉语"を先に言っているのは、話題になっているのが中国語だからです。

②完了の否定
B084

我早饭已经吃了。	Wǒ zǎofàn yǐjīng chīle.	
	私は朝ごはんはもう食べました。	
我晚饭还没有吃。	Wǒ wǎnfàn hái méiyou chī.	
	私は晩ごはんはまだ食べていません。	
我想看电视，但是还没有买。	Wǒ xiǎng kàn diànshì, dànshì hái méiyou mǎi.	
	私はテレビが見たいですが、しかしまだ買っていません。	

完了を否定する際には、"没有"、もしくは"没"を使います。この際、"了"はなくなるので注意してください。「まだ」を表す"还"と組み合わせて、"还没""还没有～"（まだ～していない）の形でもよく使われます。「まだ」の逆「すでに、もう」を表すのが"已经"で、"已经～了"の形でよく使われます。逆の表現なので、合わせて覚えましょう。

③完了の疑問文
B085

电视机你买了吗？	Diànshìjī nǐ mǎile ma?	テレビは買いましたか？
电视机你买了没有？	Diànshìjī nǐ mǎile méiyou?	テレビは買いましたか？

完了したかどうかを訊ねる疑問文では、通常と同様に"吗"を文末につけます。また、文末に"没有"をつけても疑問を表せます。この例文では目的語の"电视机"を話題として先に言っています。

🎧 ④"不来"と"没来"の違い
B086

通常の否定文と完了の否定文の2種類を学習したので、ここで両者を比べてみましょう。

他今天不来。	Tā jīntiān bù lái.	彼は今日来ない。
他今天没来。	Tā jīntiān méi lái.	彼は今日来ていない。

前者は通常の否定ですから、「彼は今日来ない」であって、そもそも来る予定ではありません。後者の例を使うと、「(まだ)来ていない」という意味になるので、これから来るかもしれません。

🎧 ⑤"打算(～するつもりだ)"
B087

我打算明年去中国留学。	Wǒ dǎsuan míngnián qù Zhōngguó liúxué. 私は来年中国に留学するつもりだ。
今年暑假，我打算去旅游。	Jīnnián shǔjià, wǒ dǎsuan qù lǚyóu. 今年の夏休み、私は旅行に行くつもりだ。

(暑假：夏休み)

「～するつもりだ、～する計画だ」と、未来の計画の話をする場合には、"打算"を使用します。

🎧 ⑥前置詞"给"

给你一个。　Gěi nǐ yí ge.　あなたに一つあげる。

给我看看。　Gěi wǒ kànkan.　私にちょっと見せて。(→動詞の重ね型　第11課)

明天我打算给他打电话。　Míngtiān wǒ dǎsuan gěi tā dǎ diànhuà.
明日私は彼に電話するつもりだ。

我给你买了四个冰淇凌。　Wǒ gěi nǐ mǎile sì ge bīngqílín.
私はあなたに四つのアイスを買いました。

本文②"给你一个。"の"给"(あげる)は動詞です。「あなたに一つあげる」の意味です。この"给"はまた、前置詞として使用できます。本文②"我给你买了四个冰淇淋。(私はあなたに四つのアイスを買いました)"のように[给＋A＋動詞句]の形で、「Aに〜する」という意味を表します。英語で言えば *for* を使うパターンです。中国語では前置詞句は、動詞よりも前に置くのでした。

⑦100以上の数字の言い方

🎧 一百 yìbǎi：100　　二百／两百 èrbǎi / liǎngbǎi：200

三百 sānbǎi：300　　一百二 yìbǎi èr：120　　一百零二 yìbǎi líng èr：102

一百一十一 yìbǎi yīshíyī：111　　二百二／两百二 èrbǎi èr / liǎngbǎi èr：220

五百六 wǔbǎi liù：560　　五百六十三 wǔbǎi liùshísān：563

🎧 一千 yìqiān：1,000　　一千一 yìqiān yī：1,100

一千零一 yìqiān líng yī：1,001　　一千零一十 yìqiān líng yìshí：1,010

一千二 yìqiān èr：1,200　　一千零二十二 yìqiān líng èrshí'èr：1,022

两千 liǎngqiān：2,000　　两千二 liǎngqiān èr：2,200　　三千 sānqiān：3,000

四千 sìqiān：4,000

一万 yíwàn：10,000　　両万二 liǎngwàn èr：22,000

三万 sānwàn：30,000

　中国語の数字は、100までは比較的簡単ですが、100以上になるとやや複雑です。100は"一百"といいます。200は二つ言い方があって、"二百""両百"どちらでも可です。300以上は、規則通り、一ケタの数字に"百"をつけます。これは単純です。

　次に、"一百二"と言った場合。102になりそうなのですが、120になってしまいます。では、102と言いたいときはどうしたらいいのかというと、真ん中の0を読んで、"一百零二"と言わなければなりません。また、11は"十一"でしたが、三ケタ以上の数字に組み込まれると、"一十一"と言います。したがって、111ならば"一百一十一"です。あとは法則通り、百の位の数字に、二ケタの数字を加えます。

　では、四ケタではどうでしょうか。"一千一"というと、三ケタの時と同じく、1,100になってしまいます。では1,001はどうでしょうか。法則から言えば、"一千零零一"と、0を2回読みそうですが、"一千零一"と、0が何個続いても1回しか読みません。では1,010ならどう言うのか、となるでしょう。その場合、"一千零一十"と言います。1,035なら、"一千零三十五"となります。

　では、2,000はどうなるかというと、"両千"といいます。"二千"ではないので注意です。2,200は"両千両百"と言ってもいいような気がしますが、"両千二百"としか言いません。"両"は先頭でしか使わないのです。このため、22,000は"両万二（千）"と言います。少々複雑ですが、だんだん慣れていきましょう。

🎧 ①「完了」(アスペクト)と「過去」(時制)の違い
B091

　"了"は完了であって、過去形ではありません。過去形とは、話している時点
から見て過去のことであればすべてその形になります。しかし中国語の"了"は、
ある動作が終わったことを表すため、過去の状態を表す場合には使いません。
例えば次の例を見てみましょう。

　　現在我在北京。　　Xiànzài wǒ zài Běijīng.　　今、私は北京にいる。

　　三年前我在北京。　　　　　Sān nián qián wǒ zài Běijīng.
　　　　　　　　　　　　　　　3 年前、私は北京にいた。

　　那时，我喜欢她。　　Nà shí, wǒ xǐhuan tā.　　その時、私は彼女が好きだった。

　"现在我在北京。"は「今、私は北京にいる」で、何の問題もありません。で
は 3 年前のことだったらどうでしょうか。当然、過去のことです。ところが、
中国語には過去形がありませんから、"三年前我在北京。"となり、"我在北京。"
の部分は変わりません。過去のある時点での状態を言う時はこのように、"了"
は使わないのです。同様に、"那时，我喜欢她。(その時、私は彼女が好きだった)"
にも"了"は使われていません。過去のことですから、日本語では「好きだった」
と過去形にしてありますが、過去の状態なので、中国語では"了"は不要なの
です("喜欢了"と言った場合、「好きになった」の意味になります)。

　"了"の用法は複雑です。とりあえずここでは、「動詞に"了"がついたら完了」
と覚えておきましょう。

🎧 ②文末に"了"があるときとないとき
B092

　　我学了三年汉语（了）。　　Wǒ xuéle sān nián Hànyǔ (le).
　　　　　　　　　　　　　　　私は 3 年間中国語を勉強した。

我吃了三个饺子（了）。　　　　Wǒ chīle sān ge jiǎozi (le).
　　　　　　　　　　　　　　　　私は餃子を三つ食べた。

　目的語に「3 年」「3 個」など、数量がついた場合には、文末に"了"は必要ありませんでした。しかし、実際には動詞の後に"了"をつけ、数量がついた目的語が来た後にさらに"了"がつくことがあります。この場合、「現在でもまだ続いている」のニュアンスが出ます。"我学了三年汉语。"だと、「私は 3 年間中国語を勉強した」（今はもうしていない）のニュアンスが出ることがあるのに対して、"我学了三年汉语了。"とした場合、「私は 3 年中国語を勉強した」（そしてそれは今でも続いている）のニュアンスが出ます。
　同様に、"我吃了三个饺子了。"というと、「餃子を三つ食べた」（さらにまだ食べるつもりだ）のニュアンスになります。

練習問題

補充単語　　**热** rè：熱い　　　**咖啡** kāfēi：コーヒー

电视剧 diànshìjù：テレビドラマ　　　**打网球** dǎ wǎngqiú：テニスをする

打棒球 dǎ bàngqiú：野球をする　　**外国人** wàiguórén：外国人

練習問題①
C037

日本語を聞いて「私は～した」と言ってみましょう。

① 　　② 　　③ 　　④

練習問題②
C038

日本語を聞いて「私はまだ～していない」と言ってみましょう。

① 　　② 　　③

練習問題③
C039

質問に指定された語句を使って答えましょう。

① 　　② 　　③ 　　④

練習問題④
C040

質問に指定された語句を使って答えましょう。

① 　　② 　　③ 　　④

練習問題⑤
C041

指定される語句を使って"给"を用いた文を作りましょう。

例：彼に／電話をする→**给他打电话**

① 　　② 　　③ 　　④ 　　⑤ 　　⑥

114

🎧 練習問題⑥

C042

読み上げられる数字を中国語で言いましょう。

① ② ③ ④ ⑤ ⑥ ⑦ ⑧

1
B093

坂本：厕所 在 哪儿?
Cèsuǒ zài nǎr?

约翰：你 怎么 了?
Nǐ zěnme le?

坂本：我 肚子 疼, 头 也 疼, 牙 也 疼。
Wǒ dùzi téng, tóu yě téng, yá yě téng.

约翰：那 你 去 医院 吧。
Nà nǐ qù yīyuàn ba.

2
B094

坂本：我 好像 感冒 了。
Wǒ hǎoxiàng gǎnmào le.

医生：发烧 了 吗?
Fāshāo le ma?

坂本：发烧 了。
Fāshāo le.

医生：我 看看 你 的 喉咙。嗯, 你 感冒 了。
Wǒ kànkan nǐ de hóulóng. Ǹg, nǐ gǎnmào le.

我 给 你 打针 吧。
Wǒ gěi nǐ dǎzhēn ba.

3
B095

坂本：不 行, 太 可怕 了。
Bùxíng, tài kěpà le.

医生：那 你 吃 这个 药 吧。
Nà nǐ chī zhège yào ba.

坂本：我 不 想 吃 药。
Wǒ bù xiǎng chī yào.

①

坂　本：トイレはどこですか？

ジョン：どうしたのですか？

坂　本：私はおなかが痛く、頭も痛く、歯も痛いです。

ジョン：それなら病院に行きましょう。

②

坂　本：私はどうやら風邪をひいたようです。

医　者：熱はありますか？

坂　本：あります。

医　者：ちょっとのどを見てみましょう。うん、あなたは風邪ですね。
　　　　注射をしてあげましょう。

③

坂　本：ダメです。怖すぎます。

医　者：ではこの薬を飲みなさい。

坂　本：薬は飲みたくありません。

語彙

①厕所 cèsuǒ：トイレ　→語彙ワンポイント①

怎么了 zěnme le：どうしたの？　→語彙ワンポイント②　　肚子 dùzi：腹

疼 téng：痛い　　头 tóu：頭　　牙 yá：歯

医院 yīyuàn：病院　　吧 ba：～しなさい　→語彙ワンポイント③

②好像 hǎoxiàng：～のようだ　　感冒 gǎnmào：風邪をひく、風邪

发烧 fāshāo：熱が出る　→文法②　　喉咙 hóulóng：のど

嗯 ǹg：語気助詞　　打针 dǎzhēn：注射を打つ

③不行 bùxíng：ダメ　→語彙ワンポイント④　　可怕 kěpà：恐ろしい

这个 zhège：この　　药〔薬〕yào：薬　→語彙ワンポイント⑤

✍️ 語彙ワンポイント

....

①"厕所在哪儿？"

　旅行中、必ずと言っていいほど必要になるセリフなので、そのまま覚えておいてよいでしょう。

🎧 **②"怎么了？"**
B096

　何かおかしなことが発生した時に使用します。似たような表現に **"怎么样"** がありました（→第5課）。両方とも使えるようにしましょう。

你的成绩怎么样？	Nǐ de chéngjì zěnmeyàng?	あなたの成績はどうですか？
你的成绩怎么了？	Nǐ de chéngjì zěnme le? あなたの成績はいったいどうしたのですか？	

　前者は、聞き手の成績についてどうであったか尋ねる文ですが、後者はひどい成績だった場合、もしくは突然成績が良くなってびっくりした時などに「いったいどうしてしまったのか」と尋ねるのに使います。

🎧 **③"吧" 2**
B097

　"吧" は、「私たち〜しましょう」の意味で使う例を学習しましたが（→第5課）、相手に軽く命令する場合にも使えます。それほどきつい命令ではなく、頻繁に使います。

吃吧！	Chī ba!	食べなさい。
看吧！	Kàn ba!	見なさい。

④"不行"

相手の提案に対して、OK と答える時は、"行"、もしくは"好"と答えるのでした（→第5課）。「ダメだ」と答える時は"不行"を使います。

⑤"药"

薬は日本では飲むものですが、中国語では食べるもの扱いなので、「薬を飲む」は"吃药"と表現します。

📖 文法
• •

🎧 ①二重主語文
B098

我肚子疼。	Wǒ dùzi téng.	私は腹が痛い。
大象鼻子长。	Dàxiàng bízi cháng.	象は鼻が長い。

北京空气不好，上海天气不好。　Běijīng kōngqì bù hǎo, Shànghǎi tiānqì bù hǎo.
　　　　　　　　　　　　　　　北京は空気がよくない。上海は天気がよくない。

英語などでは主語が二つ出てくることはありませんが、中国語は日本語の「～は～が～だ」に近い表現をよく使います。日本語と同じ発想で並べて問題ありません。

🎧 ②病気の表現
B099

本課では病気になった時の表現が出てきています。覚えておきましょう。

我好像感冒了。	Wǒ hǎoxiàng gǎnmào le.	私はどうやら風邪をひいたようだ。
发烧了吗?	Fāshāo le ma?	熱はありますか？

「風邪をひいた」は"感冒了"、「熱が出た」は、"发烧了"と言います。その

まま覚えましょう。なお、"了"はこのように形容詞にもつきます。

③動詞の重ね型
B100

给我看看。	Gěi wǒ kànkan.	私にちょっと見せて。
我们休息休息吧。	Wǒmen xiūxi xiuxi ba.	
	ちょっと休みましょう。	（休息：休む）
这个音乐很好听，你听一听吧。	Zhège yīnyuè hěn hǎotīng, nǐ tīng yì tīng ba.	
	この音楽はとてもいいから、ちょっと聞いてみて。	

　動詞を2回繰り返すと、「ちょっと〜する」の意味になります。すでに動詞に"一下"がつく形を学習しました（→第9課）が、"给我看看"と"给我看一下"はほぼ同じ意味です。なお、音楽など、聴覚的なものがいい場合には、"好听"を使います。逆は"难听"です。

　また、"这个音乐很好听，你听一听吧。"の"听一听"のように、間に"一"を挟むこともありますが、表している意味は同じです。

④「この〜」「あの〜」「これらの〜」の表現
B101

那你吃这个药吧。	Nà nǐ chī zhège yào ba.	じゃああなたはこの薬を飲みなさい。
这道菜很好吃。	Zhè dào cài hěn hǎochī.	この料理はおいしい。
这本书很好看。	Zhè běn shū hěn hǎokàn.	この本は面白い。
我不喜欢那个人。	Wǒ bù xǐhuan nàge rén.	私はあの人が嫌いだ。
这些菜很好吃。	Zhèxiē cài hěn hǎochī.	これらの料理はおいしい。
这些人	zhèxiē rén	これらの人

　「これは〜です」「あれは〜です」の表現はすでに学習しました。それぞれ、"这是〜""那是〜"と言うのでした（→第5課）。「この〜」「あの〜」「あれらの〜」

と言いたいときの表現を詳しく学習しましょう。

　「この〜」と言う時には、"这"の後に、**修飾する名詞を数える量詞を入れます。**
たとえば、「この人」ならば、"这人"になりそうですが、この間に人を数える
量詞"个"を入れて、"这个人"とします。「この本」なら、どうでしょうか。
本は"书"ですが、1冊、2冊と数える時は"本"を使います。したがって「こ
の本」は"这本书"になります。「あの本」でも同じで、"那本书"となります。"本"
は「本」そのものではなく、「本」を数える量詞（日本語なら「〜冊」）ですので、
注意が必要です。

　"菜（料理）"は"道"で数えるので、「この料理」"这道菜"です。なお、口
語ではどんなものでも"这个〜""那个〜"を使う傾向がありますので、わから
なければこの表現を用いましょう。

　「これらの」「あれらの」と複数にする場合には"这些〜""那些〜"となります。

　なお、"我不喜欢那个人。"ですが、「あの人が嫌い」と訳しました。直訳する
と「好きではない」になりそうですが、もっと積極的に「嫌い」という意味です。
「好き」ならば"喜欢"、嫌いならば"不喜欢"を使います。「好きではない」程
度ならば、"不太喜欢（あまり好きではない）"を使います。

📑 練習問題

•••

補充単語　　脚 jiǎo：足　　**耳朵** ěrduo：耳　　**鼻子** bízi：鼻　　眼睛 yǎnjing：目

痒 yǎng：かゆい

🎧 練習問題①
C043

指定される語句を空欄にあてはめて文を完成させましょう。

A	副詞	B
① ② ③	④ ⑤ ⑥	⑦

🎧 練習問題②
C044

流れてくる中国語の文に "**好像**" を加えて全文を発音しましょう。

① 　　② 　　③ 　　④

🎧 練習問題③
C045

日本語を聞いて、中国語で言ってみましょう。

① 　　②

🎧 練習問題④
C046

指定される語句を使って文を完成させましょう。

① 　　② 　　③

コラム

⑤ 中国語の学習方法

　外国語の学習というと、かつては「読み、書き」が中心でしたが、昨今では「話す、聞く」もできるようになりたい、という需要が高まっています。どうすれば高い語学力を身に着けることができるでしょうか。

　大人になってからの学習では、文法と語彙をきちんと勉強しなければなりませんが、それだけではなかなか話せるようにはなりません。語感をマスターしないといけないのです。語感をマスターするためには、①文字に頼らずに音声を覚えること　②単語や文法がどのように使われるものなのかを覚えること　が重要になります。

　特に中国語の場合、漢字で書かれているため、読解は比較的容易ですし、文法もそれほど難しくはありません。しかし文字を読んで文字を覚えているだけでは、使えるようにはなりませんし、語感が養成されないので、上級レベルには上がれなくなります。

　本書の文法・語彙解説では「どのように使うのか」を解説しています。また練習問題は徹頭徹尾文字に頼らないで文を作る練習をしています。初級段階で音声がきちんと身につけば、中国語はあっという間にうまくなるでしょう。

第12課 経験を表す "过"

❶

Nǐ zhīdào yǒu shénme hǎokàn de diànshì jiémù ma?
坂本：你 知道 有 什么 好看 的 电视 节目 吗?

Nà nǐ kàn diànshìjù ba. Tiāntiān dōu yǒu hǎokàn de diànshìjù.
约翰：那 你 看 电视剧 吧。天 天 都 有 好看 的 电视剧。

Bǐrúshuō ne?
坂本：比如说 呢?

Jīntiān wǎnshang yǒu jiào Xiānggǎng àiqíng gùshi de diànshìjù.
约翰：今天 晚 上 有 叫 "香 港 爱情 故事" 的 电视剧。

❷

Nǐ kànguo ma?
坂本：你 看过 吗?

Wǒ yě hái méi kànguo. Shì cóng jīntiān wǎnshang kāishǐ de.
约翰：我 也 还 没 看过。是 从 今天 晚 上 开始 的。

Nǐ zěnme zhīdào yǒu yìsi ne?
坂本：你 怎么 知道 有 意思 呢?

Wǒ kànguo yí cì xiǎoshuō.
约翰：我 看过 一 次 小 说。

❸

Nà piān xiǎoshuō yǒu yìsi ma?
坂本：那 篇 小 说 有 意思 吗?

Wǒ juéde hěn yǒu yìsi. Nǐ yě kàn yí kàn ba.
约翰：我 觉得 很 有 意思。你 也 看 一 看 吧。

Hǎo. Wǒ bú tài xǐhuan kàn xiǎoshuō, xiān kànkan diànshìjù ba.
坂本：好。我 不 太 喜欢 看 小 说，先 看看 电视剧 吧。

①

坂　本：面白いテレビ番組を知っていますか？

ジョン：それなら、テレビドラマを見ましょう。毎日面白いドラマをやっています。

坂　本：例えば？

ジョン：今日の夜、「香港ラブストーリー」というテレビドラマがあります。

②

坂　本：見たことはありますか？

ジョン：私もまだありません。今晩から始まるのです。

坂　本：どうして面白いとわかるのですか？

ジョン：小説を1回読んだことがあります。

③

坂　本：その小説は面白いですか？

ジョン：私は面白いと思いました。あなたも読んでみてください。

坂　本：そうですね。私はあまり小説を読むのが好きではありませんので、まずテレビドラマを見てみます。

語 彙

①知道 zhīdào：知っている →文法①　　**什么** shénme：何か

节目〔节→節〕jiémù：番組　　**电视剧**〔剧→劇〕diànshìjù：テレビドラマ

天天 tiāntiān：毎日　　**好看** hǎokàn：面白い →語彙ワンポイント①

比如说 bǐrúshuō：例えば　　**叫** jiào：～という →語彙ワンポイント②

爱情〔爱→愛〕àiqíng：愛情　　**故事** gùshi：物語

②过〔過〕guo：～したことがある →文法②　　**开始** kāishǐ：～し始める

有意思 yǒu yìsi：面白い →語彙ワンポイント③　　**次** cì：～回

小说 xiǎoshuō：小説　　**怎么** zěnme：なぜ →文法③

③觉得 juéde：～と思う →文法①　　**先** xiān：まず

125

🖋️ 語彙ワンポイント

🎧 ①"好看"
B105

視覚的なものが「いい」というのが"好看"の中心的な意味です。映画、本など、"看"の対象になるものが「面白い」という意味で使います。

这篇小说很好看。	Zhè piān xiǎoshuō hěn hǎokàn.	この小説は面白い。
好看的电影不少。	Hǎokàn de diànyǐng bù shǎo.	面白い映画は少なくない。

"有意思"はどちらかというと「興味深い」に近い「面白い」です。一方、"好看"のほうは「ハリウッド映画を見て面白い」のような「楽しい」に近い「面白い」です。

さらに、以下のように「見た目がよい」ということから、絵画などが「美しい」の意味でも使えます。

这件衣服真好看。	Zhè jiàn yīfu zhēn hǎokàn.
	この服は本当にきれいだ。
	（件：服を数える量詞　衣服：服　真：本当に）
他画的画儿比较好看。	Tā huà de huàr bǐjiào hǎokàn.
	彼の書いた絵は比較的上手だ。（画：描く　画儿：絵）

②"叫'香港爱情故事'的电视剧"（「香港ラブストーリー」という名前のテレビドラマ）

"叫"という動詞は、自己紹介するときにでてきました。（→第2課）。このように「～という名前の」の意味でもよく使います。

🎧 ③"有意思""没有意思"
B106

"有意思"一般的な「面白い」です。逆は"没有意思"で、「つまらない」を

表します。

这篇小说有意思。	Zhè piān xiǎoshuō yǒu yìsi.	この小説は面白い。
打棒球没有意思。	Dǎ bàngqiú méi yǒu yìsi.	野球をするのはつまらない。

(打：する　棒球：野球)

④"是从今天晚上开始的。"（今晩から始まるのだ）

"从～开始"で「～から始まる」という意味です。なお、"开始"は「始める」の意味でも使えます。中国語では自動詞も他動詞も同じ形でもちいられることが少なくありません。

今天的课从几点开始?	Jīntiān de kè cóng jǐ diǎn kāishǐ?	今日の授業は何時から始まる？
——从五点开始。	Cóng wǔ diǎn kāishǐ.	——5時から始まる。
我开始学习汉语。	Wǒ kāishǐ xuéxí Hànyǔ.	私は中国語の勉強を始めた。

なお、本文の"是从今天晚上开始的。"は少しわかりにくいかもしれません。その場合、

这个电视剧是从今天晚上开始的。

Zhège diànshìjù shì cóng jīntiān wǎnshang kāishǐ de.
このテレビドラマは、今晩から始まるものです。

の省略だと考えましょう。

🔖 文法
· ·

🎧 ①"知道"、"觉得"など
B108

你知道什么有意思的电视节目吗?

Nǐ zhīdào shénme yǒu yìsi de diànshì jiémù ma?
あなたは何か面白いテレビ番組を知っていますか?

我觉得很有意思。　Wǒ juéde hěn yǒu yìsi.　私は面白いと思います。

我知道今天他不来。　Wǒ zhīdào jīntiān tā bù lái.
今日彼は来ないと知っています。

我觉得她很好看。　Wǒ juéde tā hěn hǎokàn.
私は彼女はかわいいと思います。

"知道"は「知っている」です。"觉得"は「～のように思う、～だと感じる」で、控えめに意見を言う時に使います。"什么有意思的电视节目"の"什么"はここでは疑問詞ではなく、「何か」という不特定を表します。したがって"什么有意思的（何か面白い）"が"电视节目（テレビ番組）"にかかかっている構造です。

　このようなタイプの動詞は、英語でも *I know that ……* ／ *I think that ……* ／ *I feel that ……* のように、*that* 節を取って後ろに文を持ってくることが可能ですが、中国語でも可能です。しかし中国語には *that* にあたるものはないので、直接続ければそれで問題ありません。"我知道今天他不来。"は"今天他不来（今日彼は来ない）"全体を目的語として、"我知道（私は知っている）"と言っている構造です。

🎧 ②経験を表す"过"
B109

你去过中国吗?　Nǐ qùguo Zhōngguó ma?
あなたは中国に行ったことがありますか?

——我去过。　Wǒ qùguo. ／我没去过。　Wǒ méi qùguo.
　　　　　——行ったことがあります。／ありません。

你去过几次日本?   Nǐ qùguo jǐ cì Rìběn?
あなたは何回日本に行ったことがありますか？

——我去过三次。   ——Wǒ qùguo sān cì.   ——3回行ったことがあります。

你汉语学过吗?   Nǐ Hànyǔ xuéguo ma?
あなたは中国語は勉強したことがありますか？

「〜したことがある」を表すには、"过〔過〕"を動詞につけます。否定は"没有〜过"、もしくは"没〜过"です。"了"を使った否定文では、"没"がつくと"了"はなくなりましたが、"过"は否定文でも消えないので注意してください。

「〜回」と経験の回数を言う場合には、"〜次"を使います。動作量を表すときも時間量を表すのと同じく、位置は動詞の後、目的語の前です。

🎧 ③"怎么"
B110

你怎么知道有意思呢?   Nǐ zěnme zhīdào yǒu yìsi ne?
どうして面白いとわかるのですか？

"怎么"はすでに「どうやって」と方法を尋ねる言い方だと学習しました（→第9課）。この"怎么"には「なぜ」と理由を尋ねる用法もあります。ただし、「いったいぜんたいどうして」というニュアンスが出ます。ニュートラルな「なぜ」は"为什么"を使います（→第14課）。

📖 練習問題

・・

🎧 練習問題①
C047

"你知道～吗"に指定される語句をあてはめ、全文を言ってみましょう。

例：彼が来る　→　你知道他来吗?

① 　　②

🎧 練習問題②
C048

指定される語句を"我觉得"に続けて言ってみましょう。

① 　　② 　　③

🎧 練習問題③
C049

質問に指定された語句を使って答えましょう。

① 　　② 　　③

第9課～第12課　総合練習問題

　第9課から第12課では、主に連動文、前置詞の出てくる文、時点・時間量を表す文などの形式を学習しました。さらに、完了を表す"了"、経験を表す"过"を学習しました。第8課までは主に現在のことしか語れませんでしたが、過去にすでに終わった動作について語ることができるようになりました。それぞれ、整理して練習し、定着させましょう。

補充単語 ：工作 gōngzuò：仕事をする　　卖 mài：売る　　离 lí：～から

　　　　　做 zuò：する　　飞机票 fēijī piào：飛行機のチケット

　　　　　牛肉 niúròu：牛肉　　漫画 mànhuà：漫画

練習問題①

C050

指定される語句を空欄にあてはめて文を作りましょう。

連動文

| 主語 | 動詞（＋目的語） | 動詞（＋目的語） |

例：　私／地下鉄で／行く　→　我坐地铁去。

①　　②　　　③　　　　④

練習問題②

C051

　指定される語句を空欄にあてはめて文を作りましょう。なお、主語は省略することがあります。

介詞（前置詞）

| 主語 | 介詞句 | 動詞（＋目的語） |

①　②　　③　④　⑤　　⑥　⑦　⑧　　⑨　　⑩

131

練習問題③

C052

指定される語句を空欄にあてはめて文を作りましょう。ただし、省略されるものもあります。

時点と時間

主語		時点		動詞		量＋（目的語）	
①	②	③	④	⑤	⑥	⑦	⑧

練習問題④

C053

質問に指定された語句を使って答えましょう。ただし、主語などを省略せずに答えましょう。

① ② ③ ④ ⑤ ⑥ ⑦ ⑧ ⑨ ⑩ ⑪ ⑫ ⑬

練習問題⑤

C054

日本語を聞いて、中国語で言ってみましょう。

① ② ③ ④ ⑤ ⑥ ⑦ ⑧ ⑨ ⑩ ⑪

コラム

⑥ 量詞のいろいろ

　日本語でも、紙なら 1 枚、2 枚、犬なら 1 匹、2 匹と、そのもの
に応じて数え方が決まっていますが、中国語も同様なのでした。こ
こでは本文には出てこない量詞を紹介しましょう。

・"条"（細長い物を数える）

　一条路 yì tiáo lù（1 本の道）　**一条裤子** yì tiáo kùzi（1 本のズボン）

　一条鱼 yì tiáo yú（1 匹の魚）　**一条狗** yì tiáo gǒu（1 匹の犬）

　"条"は細長いものを数えます。代表的なのは「道」や「ズボン」で、
これはわかりやすいでしょう。「魚」も上から見ると細長いのでわか
りますが、「犬」はなぜ同じカテゴリーになってしまうのか、理解し
にくいかもしれません。中型犬で痩せていると、確かに細長く見え
ます。最近のペットは丸々としている犬が多いので、猫と同じく"只"
でも数えるようになっているそうです。

・"只"（動物などを数える）

　一只猫 yì zhǐ māo（1 匹の猫）　**一只鸡** yì zhǐ jī（1 匹の鶏）

　ただし、"牛 niú" は "头 tóu"、馬は "匹 pǐ" で数えます。複雑ですね。

・"张"（紙や机など、平べったいものを数える）

　一张纸 yì zhāng zhǐ（1 枚の紙）　**一张桌子** yì zhāng zhuōzi（1 台の机）

　紙や、机などは、"张"で数えます。これもよく使うので、覚える
ようにしましょう。

第13課　近未来を表す"要"と進行を表す"在"

①
B111

Zhège xīngqītiān wǒmen yào qù Wànlǐ Chángchéng.
约翰：这个 星期天 我们 要 去 万里 长 城。

Nà, wǒ yě xiǎng gēn nǐmen yìqǐ qù.
坂本：那，我 也 想 跟 你们 一起 去。

Wǒmen cānjiā lǚyóutuán qù.
约翰：我们 参加 旅游团 去。

Hái kěyǐ cānjiā ma?
坂本：还 可以 参加 吗？

Yīnggāi kěyǐ.
约翰：应 该 可以。

②
B112

Mǎshàng jiù yào chūfā le.
约翰：马 上 就 要 出发 了。

Děng yíxià. Bǎnběn hái méiyou lái.
朋友：等 一下。坂本 还 没有 来。

Wǒ gěi tā dǎ diànhuà ba. Wéi, nǐ zài zuò shénme ne?
约翰：我 给 他 打 电话 吧。喂，你 在 做 什么 呢？

Wǒ zài chī zǎofàn.
坂本：我 在 吃 早饭。

Kuài lái ba!
约翰：快 来 吧！

③
B113

Bù hǎoyìsi, wǒ lái wǎn le. Ēi, Mǎlì ne?
坂本：不 好意思，我 来 晚 了。欸，玛丽 呢？

Jīntiān Mǎlì bù lái le. Tā míngtiān yǒu kǎoshì.
约翰：今天 玛丽 不 来 了。她 明 天 有 考试。

Míngtiān wǒ yě yǒu kǎoshì.
坂本：明 天 我 也 有 考试。

Nǐ búyòng xuéxí ma?
约翰：你 不用 学习 吗？

Búyòng xuéxí.
坂本：不 用 学习。

134

①

ジョン：この日曜日、私たちは万里の長城に行きます。

坂　本：それでは、私もあなたたちといっしょに行きたいです。

ジョン：ツアーで行きます。

坂　本：まだ参加できますか？

ジョン：できるはずです。

②

ジョン：まもなく出発だ。

友達：待って、坂本君がまだ来ていない。

ジョン：電話してみよう。もしもし、何をしているんですか？

坂　本：朝ご飯を食べています。

ジョン：早く来てください。

③

坂　本：ごめんなさい、遅刻しました。あれ、マリーは？

ジョン：マリーは来られなくなりました。彼女は明日テストがあります。

坂　本：明日は私もテストがあります。

ジョン：勉強する必要はないのですか？

坂　本：必要ありません。

語彙

①**要** yào：〜するつもりだ、〜しなければならない　→文法①

万里长城 Wànlǐ Chángchéng：万里の長城　　**跟** gēn：〜と

参加 cānjiā：参加する　　**旅游团** lǚyóutuán：ツアー　→語彙ワンポイント①

应该 yīnggāi：〜するべきだ、〜のはずだ　→文法⑤

可以 kěyǐ：〜できる　→文法④

②**马上** mǎshàng：すぐに　　**就要〜了** jiù yào 〜 le：まもなく〜だ　→文法②

出发 chūfā：出発する　　**等** děng：待つ　　**打电话** dǎ diànhuà：電話する

在 zài：〜しているところだ　→文法③　　**做** zuò：する

③**来晚** lái wǎn：遅刻する　　**明天** míngtiān：明日　→語彙ワンポイント③

考试 kǎoshì：テスト　　**不用** búyòng：〜する必要がない　→文法⑦

📝 語彙ワンポイント

①"参加旅游团"

「ツアーで（旅行などに）行く」と言いたい場合、中国語では**"参加旅游团"**（直訳ならば旅行団体に参加する）と言います。中国に旅行すると、現地ツアーなどに参加することもありますが、そんな時にはこの表現を使いたいところです。

🎧 ②"上星期、这个星期、下星期" "上个月、这个月、下个月"
B114

上星期 shàng xīngqī 先週	这个星期 zhège xīngqī 今週	下星期 xià xīngqī 来週
上个月 shàng ge yuè 先月	这个月 zhège yuè 今月	下个月 xià ge yuè 来月

"这个星期"は「今週」、"下星期"は「来週」、"上星期"は「先週」です。"上"は一つ前を、"下"は一つ後を表しますので、"上个月"なら「先月」、"下个月"なら「来月」、"这个月"なら「今月」です。

🎧 ③"前年、去年、今年、明年、后年" "前天、昨天、今天、明天、后天"
B115

前年 qiánnián おととし	去年 qùnián 去年	今年 jīnnián 今年	明年 míngnián 来年	后年 hòunián 再来年
前天 qiántiān おととい	昨天 zuótiān 昨日	今天 jīntiān 今日	明天 míngtiān 明日	后天 hòutiān あさって

となります。覚えましょう。

文法

①未来の表現"要"

B116

这个星期天我们要去万里长城。

Zhège xīngqītiān wǒmen yào qù Wànlǐ Chángchéng.

この日曜日、私たちは万里の長城にいきます。

我们明年要结婚。　　Wǒmen míngnián yào jiéhūn.　　私たちは来年結婚します。

(結婚：結婚する)

　中国語には特定の未来形はありませんが、将来行う意思がある動作に関して、「〜するつもりだ」の意味で**"要"**を使います。すでに**"要"**は「〜したい」の意味であると学習しました（→第6課）。**"要"**の中心的な意味は「これから〜する必要がある」だと理解しましょう。このため、文脈によって「〜する必要がある⇒これからしなければならない」にもなれば、「〜したい」という意思を表すことにもなります。将来において何かをする意思があるというのは、未来においてその動作をするつもりだということになるからです。

　本文にある**"这个星期天我们要去万里长城。"**はこれだけだとまだあいまいです。仕事があって、「万里の長城に行かなければならない」のかもしれないし、「ずっと行きたかったので今週末こそ行かなきゃ⇒行きたい」という意味にもなります。中国語ではこれらを区別しません。**"我们明年要结婚。"**も、「私たちは結婚する意志がある」という意味です。日本語に訳すときは文脈に応じます。「もういい年齢だから結婚しなきゃ」という意味にもなります。

"打算"と"要"

　将来において「〜するつもりだ」という表現は、すでに**"打算"**を学習しました（→第10課）。**"打算"**は「〜する計画だ、〜するつもりだ」くらいのニュアンスで、まだ計画段階ですが、**"要"**のほうは差し迫った計画、絶対にやると決めている時に使います。

②"要～了"

B117

马上就要出发了。　　Mǎshàng jiù yào chūfā le.　　間もなく出発だ。

要上课了。　　Yào shàngkè le.　　間もなく授業だ。
（上课：授業する、授業に出る）

好像快要下雨了。　　Hǎoxiàng kuàiyào xià yǔ le.　　もうすぐ雨が降りそうだ。
（下雨：雨が降る）

　"就要～了"または"要～了""快要～了"で「もうすぐ～になる」「間もなく～になる」を表します。どれを使っても大差はありませんが、"就"や"快"があったほうがより差し迫った感じが出ます。「もうすぐ」を意味する副詞、"马上"とよく一緒に使います。

③進行を表す"在"

B118

你在做什么呢?　　Nǐ zài zuò shénme ne?　あなたは何をしていますか？

我在吃早饭。　　Wǒ zài chī zǎofàn.　　私は朝食を食べています。

我现在在给你做饭。　　Wǒ xiànzài zài gěi nǐ zuò fàn.
私はあなたに料理を作っています。　　（做饭：料理を作る）

　現在進行中の動作を表すには、動詞に"在"をつけます。また、文末によく"呢"をつけます（会話では"呢"だけでも進行を表せます）。「今～している」は"现在在～"になります。なお、前置詞句"给你"と"做饭"は結びつきが強いので、現在進行を表す"在"はその前におきます。"要""打算""应该""可以"など、助動詞の類はすべて前置詞句よりも前に置きます。

　なお、進行中であれば絶対に"在"をつけなければならないということはありません。進行中であることを特に表す場合の表現です。

（参考）

「私は図書館で勉強しているところだ」なら、"我在在图书馆看书"になると考える人もいるかもしれませんが、このような形はなく、強いて進行を強調したければ"我在图书馆看书呢"と"呢"を追加します。

◎これで未来の言い方、完了した動作、現在進行の言い方、すべて出そろいました。自由に使えるように練習していきましょう。

④可能を表す表現1　"可以"

B119

还可以参加吗?	Hái kěyǐ cānjiā ma?	まだ参加できますか？
今天可以游泳吗?	Jīntiān kěyǐ yóuyǒng ma?	今日泳げますか？
我都可以吃吗?	Wǒ dōu kěyǐ chī ma?	私ですらも食べていいですか？
		（都：〜ですら）
你们可以说汉语。	Nǐmen kěyǐ shuō Hànyǔ.	あなたたちは中国語を話していい。

　中国語では、可能を表す助動詞が三つあります。そのうちの一つ、"可以"を学習しましょう。許可の可の字を使っているくらいですから"可以"の中心的な意味は、「条件などが許してできる」ことを表します。"还可以参加吗？"は「まだ参加できますか」という意味ですが、この場合、例えばまだ締め切りが来ていないとか、予定人数に達していないなどで「参加できる」ことを表します。"今天可以游泳吗？"は「今日は泳げますか？」は、例えばプールが開放されているなどして泳げるという意味で、「今日は泳いでもいいですか」に近い意味の可能表現です。

　"我都可以吃吗？"の"都"は、「〜ですら」を表します。"都"の中心的な意味は「みんな」ですが、「〜ですら」「〜までも」という感情を表す時にも非常によく使います。ここでは「私も食べていいの？」というニュアンスの「食べ

られる」です。

⑤"应该" ～するべきだ、～のはずだ

你应该认真学习英语。　　Nǐ yīnggāi rènzhēn xuéxí Yīngyǔ.
　　　　　　　　　　　　あなたは英語を真面目に勉強するべきだ。

（认真：真面目に）

他写的小说应该有意思。　Tā xiě de xiǎoshuō yīnggāi yǒu yìsi.
　　　　　　　　　　　　彼が書く小説は面白いはずだ。

你不应该那么说。　　　　Nǐ bù yīnggāi nàme shuō.
　　　　　　　　　　　　あなたはそのように言うべきではない。

　"应该"は英語の助動詞 should に使い方がよく似ており、「～するべきだ」という義務を表すと同時に、「～なはずだ」という推測も表します。古典日本語の「べし」にもこの両者の使い方があります。Should も「べし」も"应该"もその中心的な意味は「当然そのようであるはずだ」だととらえましょう。

⑥文末の"了"

今天玛丽不来。　　　　Jīntiān Mǎlì bù lái.　　　　今日マリーは来ない。

今天玛丽没有来。　　　Jīntiān Mǎlì méiyou lái.　　今日マリーは来ていない。

今天玛丽不来了。　　　Jīntiān Mǎlì bù lái le.　　　今日マリーは来なくなった。

　"了"は二種類に分けることができます。一つ目は、動詞について、その動作の完了を表す"了"で、これはすでに学習しました（→第10課）。もう一つの"了"は文末の"了"です。その名の通り、文末におかれて新しい状況の発生、それまでの状況からの変化を表します。"今天玛丽不来。"と"今天玛丽没有来。"の違いは学習しました（→第10課）。前者は「マリーは来ない」であり、後者は「マリーは来ていない」です。

それでは、"今天玛丽不来。"に文末の"了"がついた形、"今天玛丽不来了。"はどうでしょうか。こちらは、「マリーは来ない、という状況が新たに発生した」という意味です。つまり、マリーは来る予定だったのが、来られなくなった、という変化を表します。

B122

我是大学生了。	Wǒ shì dàxuéshēng le.	私は大学生になった。
天黑了。	Tiān hēi le.	空が暗くなった。 （天：空）
没有了。	Méi yǒu le.	なくなった。

"我是大学生了。"は「私は大学生になった」であり、「それまで大学生ではなかった⇒大学生になった」という変化を表します。「大学生だった」ではありません。

太陽が没して暗くなったとき、中国語では"天黑了。"と言います。それまで明るい状態だったのが、暗くなったことを表します。"没有了。"は、それまであったものがなくなってしまったことを表します。単にないだけならば、"没有。"と言います。

⑦"不用"と"不要"

B123

我要认真学习汉语。	Wǒ yào rènzhēn xuéxí Hànyǔ.	
	私は真剣に中国語を学習しなければならない。	
我已经不用学习汉语了。	Wǒ yǐjīng búyòng xuéxí Hànyǔ le.	
	私はすでに中国語を勉強する必要はなくなった。	
不要学习。	Búyào xuéxí.	勉強するな。
不要吃饭。	Búyào chīfàn.	ご飯を食べるな。

「～しなければならない」は"要"を使って表現します。しかし、その逆は"不要"ではありません。「～する必要がない」は"不用"と言います。"不要"は

must not と同じ発想で、「〜するな」という禁止を表す表現になります。"不要吃饭。"のように、主語なしでの命令文によく使います。

練習問題

補充単語　夏天 xiàtiān：夏　　睡觉 shuìjiào：寝る

買东西 mǎi dōngxi：物を買う（⇒買い物をする）　　天气 tiānqì：天気

回家 huíjiā：家に帰る

練習問題①
C055

"要"を使い、未来にする動作として表現しましょう。

①　　②　　③　　④

練習問題②
C056

練習問題①の表現を、「～するべきだ」に変えて言ってみましょう。

①　　②　　③　　④

練習問題③
C057

指定される語句を使って、進行中の動作を表現しましょう。

例：私／勉強する　→　我在学习。

①　　②　　③

練習問題④
C058

日本語を聞いて、中国語で言ってみましょう。

①　　②　　③　　④　　⑤　　⑥

❶
B124

Nǐ wèi shénme méi qùguo Měiguó?
约翰：你 为 什 么 没 去 过 美 国？

Yīnwèi wǒ bú huì shuō Yīngyǔ.
坂本：因 为 我 不 会 说 英 语。

Yīngyǔ bú huì yě méi yǒu wèntí ya.
约翰：英 语 不 会 也 没 有 问 题 呀。

Nǐ néng jiāo wǒ Yīngyǔ ma?
坂本：你 能 教 我 英 语 吗？

Dāngrán kěyǐ. Wǒ jiāo nǐ.
约翰：当 然 可 以。我 教 你。

❷
B125

Mǎlì zhùzài nǎr?
坂本：玛 丽 住 在 哪 儿？

Tā zhùzài sì hào lóu, fángjiān hàomǎ shì sì líng yāo.
约翰：她 住 在 四 号 楼，房 间 号 码 是 4 0 1。

Wǒ xiǎng gěi tā dǎ diànhuà. Nǐ néng gàosu wǒ tā de diànhuà
坂本：我 想 给 她 打 电 话。你 能 告 诉 我 她 的 电 话

hàomǎ ma?
号 码 吗？

Hǎo de. Tā de diànhuà hàomǎ shì bā bā líng wǔ sān yāo sì wǔ liù qī bā.
约翰：好 的。她 的 电 话 号 码 是 8 8 0 5 3 1 4 5 6 7 8。

❸
B126

Nǐ huì kāichē ma?
坂本：你 会 开 车 吗？

Wǒ huì. Dànshì zài Běijīng bù néng kāi.
约翰：我 会。但 是 在 北 京 不 能 开。

Wèi shénme?
坂本：为 什 么？

Tài wēixiǎn le.
约翰：太 危 险 了。

144

①

ジョン：あなたはなぜアメリカに行ったことがないのですか？

坂本：なぜなら、私は英語ができないからです。

ジョン：英語ができなくても問題ありませんよ。

坂本：私に英語を教えてくれますか？

ジョン：もちろんいいですよ。あなたに教えてあげます。

②

坂本：マリーはどこに住んでいますか。

ジョン：彼女は 4 号棟に住んでいます。部屋番号は 401 です。

坂本：彼女に電話をしたいんですが。彼女の電話番号を教えてくれますか？

ジョン：いいですよ。彼女の電話番号は 88053145678 です。

③

坂本：あなたは車を運転できますか？

ジョン：できます。しかし北京ではできません。

坂本：なぜですか？

ジョン：危険すぎます。

語彙

①为什么 wèi shénme：なぜ　→文法④　　　　因为 yīnwèi：なぜなら

会 huì：できる　→文法①　　　教 jiāo：教える　→文法②

当然 dāngrán：もちろん

②住 zhù：住む、泊まる　　号楼 hào lóu：〜号棟　　号码 hàomǎ：番号

告诉 gàosu：告げる、教える　→文法②

③开车 kāichē：車を運転する　　但是 dànshì：しかし　→語彙ワンポイント①

危险 wēixiǎn：危ない

①逆接を表す"但是""可是""不过"

　中国語で逆説を表す接続詞は三つあります。本文で出てきた"但是"のほか、"可是 kěshì"と"不过 búguò"があります。"但是""可是""不过"の順にくだけた表現になるので、"但是"は「しかし」、"不过"は「でも」に近い表現で、"可是"はその中間です。

②"英语不会也没有问题啊"

B127

　"也"には、「～ても」の意味があります。ここでは"英语不会"「英語ができない」が主語になって、也がつくことによって「英語ができなくても」の意味を表します。"没有问题"、もしくは"没问题"も頻出の表現です。「問題ない」が直訳ですが、日本語で「大丈夫」という際にこの表現を使います。

　　在日本 9 点开始上课，8 点起来也没有问题。
　　　　　Zài Rìběn jiǔ diǎn kāishǐ shàngkè, bā diǎn qǐlái yě méi yǒu wèntí.
　　　　　日本では 9 時に授業が始まるので、8 時に起きても問題ない。

　　　　　　　　　　　　　　　　　　　　　　　（上课：授業をする、授業に出る）

③"一" yāo

　数字の"一"は電話番号や部屋の番号などの時には yāo と発音します。

文法

①可能を表す表現2　"能"と"会"

　第 13 課では、可能の表現として"可以"を学習しました。中国語で可能を表す助詞はあと二つ、"能"と"会"があります。それぞれ学習しましょう。

我不会说英语。　　　Wǒ bú huì shuō Yīngyǔ.　　私は英語が話せない。

我会开车。　　　　　Wǒ huì kāichē.　　　　　私は車を運転することができる。

今天晚上他能来吗?　Jīntiān wǎnshang tā néng lái ma?

　　　　　　　　　　　　　　　　　　　　　今日の夜、彼は来られますか？

——能来。　　　　　Néng lái.　　　　　　　　——来られます。

我能喝啤酒。　　　　Wǒ néng hē píjiǔ.　　　　私はビールが飲めます。

　　まず"会"は「技能を習得している」という意味の「できる」です。言語は習得して話せるようになるものなので、"我不会说英语""我会说日语（私は日本語を話せる）"のように、"会"を使って表現します。車の運転ができると言う場合には"我会开车"と言います。

　　このように、"会"が表す可能表現は基本的に技能の問題です。本文中でジョンさんは"我会（开车）。"「（車の運転が）できる」と言っています。ところが同時に、"但是在北京不能开（车）。"と言います。理由は「危ないから」だと言っています。ジョンさん自身は車の運転技能は習得済みなわけですが、北京の道路でという条件の下では運転できないと言っているのです。こういう際には"能"を使います。

　　このように、"能"のほうは、「条件が整っていてできる」という場合と、「能力があってできる」という場合があります。"今天晚上他能来吗?"は、「今日の夜彼は来られますか」という疑問文ですが、これは条件が整っていて来られるかという意味です。こういう意味の"能"は"可以"と使い方がかぶっており、どちらを使っても問題ないこともしばしばあります。

　　"我能喝啤酒"は「能力があってできる」「条件が整ってできる」どちらでも使えます。「ビールが飲める」（お酒に強い）のは、中国語の感覚では「習得した技術」ではなく、本人の持つ能力によってできることなのです。

二人称に対する"能"を使った疑問文

你能教我英语吗？　　Nǐ néng jiāo wǒ Yīngyǔ ma?　　私に英語を教えてくれますか？

你能告诉我她的电话号码吗？　　Nǐ néng gàosu wǒ tā de diànhuà hàomǎ ma?
　　　　　　　　　　　　　　　彼女の電話番号を教えてくれますか？

你能不能给我做菜？　　Nǐ néng bu néng gěi wǒ zuòcài?
　　　　　　　　　　　私にご飯を作ってくれませんか？

　英語でも、*Can you* ......？と言うと、「～してくれませんか？」という丁寧な依頼を表す文になりますが、中国語でも同様に、可能を表す**"能"**を使えば、丁寧な依頼を表すことができます。その際、**"能～吗"**という疑問文と、**"能不能"**という反復疑問文の形があります。

"会"ではなく"能"を使うパターン

我会游泳。　　Wǒ huì yóuyǒng.　　　　　私は泳げます。

我能游五十米。　　Wǒ néng yóu wǔshí mǐ.　　私は 50 メートル泳げます。

我一天能走 20 公里。　　Wǒ yì tiān néng zǒu èrshí gōnglǐ.
　　　　　　　　　　　　私は 1 日に 20 キロ歩けます。　　　　（走：歩く）

　「泳げる」と言いたい時には、これは技能の問題ですから、**"我会游泳"**と言います。ところが、「50 メートル泳げる」などと言う時には、**"我能游五十米"**と**"能"**のほうを使います（**"游泳"**の**"泳"**は目的語扱いで、後ろに「～メートル」と続く場合にはなくなってしまいます）。**"会"**のほうは単純に習得しているか、していないかを言う表現であり、「どのくらいできるか」となる場合には使えないのです。徐々に慣れましょう。

②二重目的語を取ることができる動詞

他教我英语。　　Tā jiāo wǒ Yīngyǔ.　　　　　彼が私に英語を教える。

你能告诉我她的电话号码吗？　　Nǐ néng gàosu wǒ tā de diànhuà hàomǎ ma?
　　　　　　　　　　　　　　　　彼女の電話番号を教えてくれますか？

给我钱。　　Gěi wǒ qián.　　　　　　　　私にお金をくれ。

我借了他一本书。　　Wǒ jièle tā yì běn shū.　　私は彼に本を1冊貸した（借りた）。

妈妈每个月送我很多钱。　　Māma měi ge yuè sòng wǒ hěn duō qián.
　　　　　　　　　　　　お母さんは毎月私にたくさんのお金を送ってくれる。
　　　　　　　　　　　　　　　　　　　　　　　（每个月：毎月）

　動詞によっては、「～に…を」と二つの目的語を取れるものがあります。語順も、
［動詞＋～に＋…を］の順番です。代表的なものに"教（～に…を教える）""告
诉（～に…を話す、告げる。英語の _tell_ に相当）""给（～に…をあげる）""借（～
に…を貸す、借りる両方を表せる）""送（～に…を送る）"などがあります。

　なお、二重目的語を取れない動詞の場合には"给（～に）""跟（～と）"など
の前置詞を使います（二重目的語を取れる動詞でも前置詞を使って表すことも
あります）。

我告诉他我的电话号码。　　Wǒ gàosu tā wǒ de diànhuà hàomǎ.
　　　　　　　　　　　　私は彼に私の電話番号を教えた。

我说汉语。　　Wǒ shuō Hànyǔ.　　　　　私は中国語を話す。

× 我说他汉语。

我跟他说汉语。　　Wǒ gēn tā shuō Hànyǔ.　　私は彼（と／に）中国語で話す。

我用汉语说话。　　Wǒ yòng Hànyǔ shuōhuà.　　私は中国語で話した。
　　　　　　　　　　　　　　　　　　　　（用：～を使って）

　"告诉"は「言う、告げる、教える」の意味で、二重目的語を取ることができ

ます。一方で“说”（話す）のほうは英語の *say* と同じく、二重目的語を取れません。“我说汉语”のように、「〜を話す」とは言えるのですが、「〜に話す」と言いたいときに、“我说他”“我说他汉语”とは言えないのです。「彼に話す」は“跟他说”と言います（“跟”は通常「〜と」の意味ですが、「〜に話す」はこう言うので、そのまま覚えましょう）。もう一例見ましょう。

🎧
B133

| 我想给她打电话。 | Wǒ xiǎng gěi tā dǎ diànhuà. | 私は彼女に電話をしたい。 |

“打”は「…を」しか取ることができないので、“打她电话”ではなく、“给她打电话”となります。

🎧 ③前置詞が動詞の後につくパターン
B134

你住在哪儿?	Nǐ zhùzài nǎr?	どこに住んでいるんですか？
(你在哪儿住?)	Nǐ zài nǎr zhù?)	
我住在东京。	Wǒ zhùzài Dōngjīng.	私は東京に住んでいます。
(我在东京住。)	Wǒ zài Dōngjīng zhù.)	
站在桌子上。	Zhànzài zhuōzi shang.	机の上に立つ。
我坐在椅子上。	Wǒ zuòzài yǐzi shang.	椅子の上に座る。
我教给你。	Wǒ jiāogěi nǐ.	私があなたに教えてあげる。

　すでに学習したように、前置詞句は動詞の前に置かれるのでした。しかし、動詞の後に前置詞がきて、その後に目的語が来るパターンもあります（厳密には前置詞ではないとする考え方もありますが、学習上はそう考えてください）。動詞によってよく後ろにくる前置詞のパターンがあるので、動詞との組み合わせで少しずつ覚えていきましょう。
　“你住在哪儿？”と“你在哪儿住？”は、とりあえず同じと思ってかまいません。

「〜に住んでいる」を表現する際には、どちらかというと前者、つまり"住在〜"の方を使います。「〜に立つ」は"站在〜"、「〜に座る」は"坐在〜"と言います。

"教"はそのまま"教你"とも言えますが、"教给你"と"给"を入れることもあります。「〜してあげる」のニュアンスが追加されます。

④"为什么"と"怎么"

「なぜ」と理由を尋ねる疑問表現で、最もよく使うのが"为什么"です。"怎么"は「どのようにして」の意味で出てきましたが（→第９課）、「なぜ」の意味で使うこともあります。両者の違いを見てみましょう。

你为什么不来?	Nǐ wèi shénme bù lái?
你怎么不来?	Nǐ zěnme bù lái?

どちらも「あなたはなぜ来ないのですか」という意味ですが、"怎么"を使うといぶかしがる気持ちが強く出ます。「いったいなんで来ないのか？」というニュアンスを含みます。"为什么"はニュートラルな「なぜ」です。

◎これで、会話で頻繁に使う疑問詞表現、"什么时候""哪儿""谁""哪个""为什么""怎么"が出そろいました。使えるように練習しましょう。

🔖 練習問題
....

手机 shǒujī：携帯電話　　**用** yòng：使う　　**词典** cídiǎn：辞書

喝酒 hē jiǔ：酒を飲む　　**做饭** zuò fàn：料理を作る

抽烟 chōuyān：たばこを吸う　　**以后** yǐhòu：以後

道路 dàolù：道路

🎧 練習問題①
C059

"**为什么**" を使って、理由を相手に聞いてみましょう。

①　　②　　③

🎧 練習問題②
C060

"**能**" を使って、相手に丁寧にお願いしてみましょう。

①　　②　　③

🎧 練習問題③
C061

質問に指定された語句を使って答えましょう。

①　　②

🎧 練習問題④
C062

質問に中国語で答えましょう。

①　　②　　③　　④

コラム

⑦ "普通话"と方言

　本書で学習している中国語は、中国における標準語であり、**"普通话 pǔtōnghuà"** と呼ばれています。中国は国土が広いので、方言も多様です。一般に方言は北方語、贛語、呉語、湘語、閩語、客家語、粤語の七大方言に分けられ、**"普通话"** はこのうち北方語をもとにして作られたものです。中国の標準語というと、北京語と言われることもありますが、北京で話されている方言と普通話は発音が同じではありません。大げさにいえば大阪弁と標準語くらい違うように思います。また、方言区域が異なると、もはや別言語と言ってもいいくらい違います。

　明代、清代と首都は北京に置かれていましたから、役人の使う言葉は北方語が中心でした。このため北方語は官話とも言います。呉語は上海などで使われている方言で、上海語はこの区分に属します。閩語は福建省周辺で用いられているもので、台湾で使われている一般に「台湾語」と言われているものもこの閩語に属します。なお、台湾の標準語とされる **"國語 guóyǔ"** は、普通話に近いものなので、普通話を勉強すれば通じます。ただし発音は多少異なります。

　広東省や香港で使われているのが粤語で、広東語とも呼ばれています。香港映画の多くではこの広東語が使用されているため、普通話を勉強しても理解できるようにはなりません。

第15課　比較の表現

❶

坂本：Jīntiān tiānqì bù hǎo, yǒudiǎn lěng.
今天 天气 不 好，有点 冷。

约翰：Míngtiān kěnéng bǐ jīntiān gèng lěng.
明天 可能 比 今天 更 冷。

坂本：Zhēn de? Zuótiān nàme rè, tūrán lěng le.
真 的？昨天 那么 热，突然 冷 了。

约翰：Nà jiù shì Běijīng. Xiàtiān rè, dōngtiān lěng.
那 就 是 北京。夏天 热，冬天 冷。

❷

坂本：Wǒ méi yǒu dōngtiān de yīfu.
我 没 有 冬天 的 衣服。

约翰：Nà jiù qù Wángfǔjǐng zhǎo yì zhǎo ba.
那 就 去 王府井 找 一 找 吧。

坂本：Wángfǔjǐng shì shénme dìfang?
王府井 是 什么 地方？

约翰：Tǐng rènao de dìfang.
挺 热闹 的 地方。

❸

店员：Nǐhǎo! Nǐ yào shénmeyàng de yīfu?
你好！你 要 什么样 的 衣服？

坂本：Wǒ yào nàyàng de.
我 要 那样 的。

店员：Ā nà jiàn bǐ zhè jiàn zhìliàng chà. Mǎi zhè jiàn ba. Tǐng shìhé
啊，那 件 比 这 件 质量 差。买 这 件 吧。挺 适合

nǐ de.
你 的。

坂本：Dànshì zhè jiàn méiyou nà jiàn piányi.
但是 这 件 没有 那 件 便宜。

154

①

坂　本：今日は天気が悪くて、ちょっと寒いですね。

ジョン：明日は今日よりもっと寒いかもしれません。

坂　本：本当ですか？　昨日はあんなに暑かったのに、突然寒くなりましたね。

ジョン：それが北京です。夏暑く、冬寒い。

②

坂　本：私は冬用の服を持っていません。

ジョン：それなら、王府井に行って探してみてください。

坂　本：王府井とはどんなところですか？

ジョン：とてもにぎやかなところです。

③

店　員：こんにちは！　どのような服がほしいですか？

坂本：ああいうのがほしいです。

店　員：ああ、あれはこれよりも品質がよくないですよ。こちらを買いませんか？　あなた
　　　　にお似合いです。

坂本：でもこれはあれほど安くありません。

語 彙

①**冷** lěng：寒い　　**可能** kěnéng：〜かもしれない　→語彙ワンポイント②

比 bǐ：〜より　→文法①　　**更** gèng：さらに　　**热** rè：暑い

真的 zhēn de：本当に　→語彙ワンポイント③

突然 tūrán：突然　※ "突" の字は、日本語と異なり、下が犬になっているので注意。

就是 jiù shì：まさに　→語彙ワンポイント④　　**夏天** xiàtiān：夏

冬天 dōngtiān：冬

②**衣服** yīfu：服　　**王府井** Wángfǔjǐng：ワンフージン（地名）　　**找** zhǎo：探す

地方 dìfang：場所、ところ　　**挺** tǐng：とても　→語彙ワンポイント⑦

热闹 rènao：にぎやか

③**什么样** shénmeyàng：どのような　　**这样** zhèyàng：このような

件 jiàn：服を数える量詞　　**质量**〔質量〕zhìliàng：品質

差 chà：劣っている　　**适合**〔適合〕shìhé：似合う

☑️ 語彙ワンポイント

....

①"天気不好"

「天気がよくない」ではなく、「天気が悪い」を表します。

"天气很好（天気がいい）""天气比较好（わりといい）""天气还可以（まあま
あ）""天气不好（悪い）"と並べて覚えましょう。なお、"还可以"は、単独で
使うと「まあまあ」を表します。第13課で出てきた"还可以"は"还（まだ）"
＋"可以（できる）"でした。

②"可能"

「〜かもしれない」と、断定せずに推測を表したい場合があります。そんな時
に便利な副詞です。

🎧 ③"真的"
B139

本文のように単独で用いると、「本当に？」「マジで？」のように使うことが
できます。誰かの話を聞いて反応するのによく使う言葉です。副詞として動詞
などの前に置いても「本当に」を表します。

真的吗?	Zhēnde ma?	本当に？
真的很好吃!	Zhēn de hěn hǎochī!	本当においしい。
她真的很好看!	Tā zhēn de hěn hǎokàn.	彼女は本当にかわいい。

🎧 ④"就是"
B140

"是"に"就"をつけると、強調を表し、「まさしく〜だ」「〜こそ〜だ」の意
味になります。

| 我就是大学生。 | Wǒ jiù shì dàxuéshēng. | 私こそが大学生だ。 |
| 他就是犯人。 | Tā jiù shì fànrén. | あいつこそが犯人だ。 |

⑤ "那就"

"就"の使い方は詳しくは第17課で学習します。"那"だけでも「じゃあ」の意味がありますが、"那就"とすると、「そういうことなら」の意味を表し、よく使います。

⑥ "夏天热, 冬天冷。"

形容詞の前には必ず何かつけなければならないと言いましたが、このように対比的に用いる場合には、形容詞に何もつけません。

⑦ "挺～的"

"挺～的"で「とても～だ」を表します。"非常"とほぼ同じです。"挺好的"なら「とてもいい」、"挺适合你的"なら「とてもあなたに似合っている」です。"挺热闹的地方"の"的"は連体修飾語にするためのものです。

📖 文法

🎧 ①比較の表現
B141

A	+	比	+	B	+	形容詞など
明天		比		今天		热。
北京		比		东京		冷。
英语		比		日语		难。
那件		比		这件		质量差。

比較の基本的な形は "A比B～" の形で、「AはBに比べて（Bより）～だ」

157

を表します。

"明天比今天热。" は「明日は今日より暑い」です。本文では、副詞の"可能（〜かもしれない、〜だろう）"が"比"の前に置かれており、また、"热"の前に"更"が置かれています。"更"は何かと何かを比較して、「さらに〜だ」を表します。ここでは「さらに暑い」わけですから、「暑い」を表す"热"の前に置かれています。比較構文ではこの位置に"更"をよく使います。形容詞の前には"很"などが必要とされるのが普通ですが、比較構文では必要ありません。

もう一つでてくる"那件比这件质量差。"の"那件（あれ、それ）""这件（これ）"は"那件衣服（あの服、その服）""这件衣服（この服）"の略と考えてもいいでしょう。「あの、その」と指示する場合には［指示語＋量詞］を使うのでした（→第11課）。「あの服はこの服に比べて、品質がよくない」が直訳になります。このように、形容詞の前に「品質が」のような主語も置けます。日本語と語順を比較すると、"比这件"のところが「これに比べて」と逆転しているところ以外は、すべて同じであることがわかります。

🎧 ②比較と"一点儿"
B142

今天比昨天热一点儿。　　　Jīntiān bǐ zuótiān rè yìdiǎnr.
　　　　　　　　　　　　　今日は昨日よりちょっと暑い。

汉语比英语难一点儿。　　　Hànyǔ bǐ Yīngyǔ nán yìdiǎnr.
　　　　　　　　　　　　　中国語は英語よりちょっと難しい。

比較で「ちょっと〜だ」と言いたい場合には、形容詞の後に"一点儿"を使います。

③否定の比較　AはBほど～ない

B143

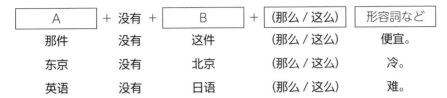

A	+ 没有 +	B	+	(那么 / 这么)	形容詞など
那件	没有	这件		(那么 / 这么)	便宜。
东京	没有	北京		(那么 / 这么)	冷。
英语	没有	日语		(那么 / 这么)	难。

「AはBほど～ない」を表すには、先ほどの比較構文の"比"を"没有"に変えます。"那件没有这件便宜"で、「それはこれほど安くない」です。同様に、"东京没有北京冷"ならば「東京は北京ほど寒くない」になります。また、間に"那么"、もしくは"这么"を入れることもよくあります。これが入ると、意味としては「東京は北京のあんなほどは／こんなほどは暑くない」となります。

練習問題

補充単語　凉快 liángkuai：涼しい　　暖和 nuǎnhuo：暖かい

　　　　　　简单 jiǎndān：簡単　　价格 jiàgé：値段　　快 kuài：速い

　　　　　　部 bù：映画を数える量詞　　出去 chūqu：外出する、出ていく

🎧 練習問題①
C063

指定される語句を使って比較の表現を作りましょう。

例：今日／昨日／寒い　→　今天比昨天冷。

①　　　　②　　　　③　　　　④　　　　⑤　　　　⑥

🎧 練習問題②
C064

指定される語句を使って、今度は否定の比較の文を作りましょう。

①　　　　②　　　　③

🎧 練習問題③
C065

「あんなに」「こんなに」を使った表現を作りましょう。

①　　　②　　　③　　　④　　　⑤　　　⑥

🎧 練習問題④
C066

「あのような」「このような」を使った表現を作りましょう。

①　　　②　　　③　　　④　　　⑤　　　⑥　　　⑦

第13課～第15課　総合練習問題

　第13課から第15課では、近未来を表す言い方**"要"**に加えて、進行を表す**"在"**を学習しました。これで、過去に完了したこと、現在のこと、進行中のこと、これから行うことすべてを表現することが可能になりました。また、**"应该""会""可以""能"**など、英語で言えば助動詞に相当するものも多く学習しました。さらに、文末の**"了"**や比較の表現を学習しました。練習していきましょう。

補充単語

说话 shuōhuà：話をする	努力 nǔlì：頑張って
回国 huí guó：帰国する	高 gāo：（背丈などが）高い
漂亮 piàoliang：きれい	

練習問題①

C067

日本語を聞いて、中国語で言ってみましょう。

①　②　③　④　⑤　⑥　⑦　⑧　⑨　⑩

練習問題②

C068

日本語を聞いて、中国語で言ってみましょう。

①　②　③　④　⑤　⑥　⑦　⑧　⑨　⑩　⑪

練習問題③

C069

日本語を聞いて、中国語で言ってみましょう。

①　②　③　④　⑤　⑥　⑦

🎧 **練習問題④**
C070

日本語を聞いて、中国語で言ってみましょう。

①   ②   ③   ④

🎧 **練習問題⑤**
C071

日本語を聞いて、中国語で言ってみましょう。

①   ②   ③   ④   ⑤   ⑥   ⑦   ⑧   ⑨

コ ラ ム

⑧ 中華圏のエンタメ 武俠小説

　中華圏を代表するエンターテインメントに、武俠小説というジャンルがあります。中華圏のゲームもテレビドラマも、武俠モノが非常にポピュラーです。「俠客」という言葉がありますが、「俠」とは、通常の社会には属さないアウトロー的存在であり、各地を放浪し、剣を握って戦います。「俠」の歴史は古く、『史記』の「刺客列伝」に登場する人物たちはその古い例と言われます。唐の時代には「唐代伝奇」と呼ばれる物語が登場しますが、その中にもしばしば登場します。

　現代の武俠小説では、何といっても金庸という作家の作品が有名で、中華圏の人ならだれでも知っています。たびたびテレビドラマ化されており、『笑傲江湖』『天龍八部』『射鵰英雄伝』などは、日本語字幕付きのDVDも発売されているほか、小説の日本語訳もあるので、ぜひ一度手に取ってみてください。

① B144

服务员：Nín jǐ wèi?
您 几 位？

坂本：Liǎng wèi.
两 位。

服务员：Qǐng zuò, qǐng zuò. Nǐ diǎn shénme cài? Wǒmen jīntiān tèbié
请 坐，请 坐。你 点 什么菜？我们 今天 特别

tuījiàn hǎixiān.
推荐 海鲜。

② B145

坂本：Shénme? Nǐ shuōde tài kuài le. Mànmānr shuō, hǎo ma?
什么？你 说 得 太 快 了。慢慢儿 说，好 吗？

服务员：Wǒmen jīntiān tèbié tuījiàn hǎixiān.
我们 今天 特别 推荐 海鲜。

坂本：Ā, hǎixiān bú yào. Wǒ zuì ài chī Běijīng kǎoyā. Lái yì zhī
啊，海鲜 不 要。我 最 爱 吃 北京 烤鸭。来 一 只

kǎoyā, chǎoqīngcài, málà dòufu, gǔlǎoròu, jiù chàbuduō le ba.
烤鸭，炒 青菜，麻辣 豆腐，古老肉，就 差不多 了 吧。

服务员：Nǐmen diǎnde zhēn duō.
你们 点 得 真 多。

③ B146

服务员：Xūyào shénme yǐnliào ma?
需要 什么 饮料 吗？

坂本：Lái liǎng píng píjiǔ ba.
来 两 瓶 啤酒 吧。

（すべての料理が来て）

服务员：Cài qí le ma?
菜 齐 了 吗？

坂本：Qí le.
齐 了。

①

ウエイター：何名様ですか？

坂　本　：２人です。

ウエイター：どうぞ、お座りください。何をご注文されますか？　今日は特に海鮮をお勧めしています。

②

坂　本　：何ですって？　話すのが速すぎて聞き取れません。ゆっくり言ってもらっていいですか？

ウエイター：今日は特に海鮮をお勧めしています。

坂　本　：ああ、海鮮はいりません。私は北京ダックが一番好きです。北京ダック１匹に、青菜炒め、麻婆豆腐、酢豚、それくらいでちょうどいいでしょう。

ウエイター：本当にたくさん注文するんですね。

③

ウエイター：何か飲み物は要りますか？

坂　本　：ビール２本にしましょう。

（すべての料理が来て）

ウエイター：そろいましたか？

坂　本　：そろいました。

語 彙

①**服务员** fúwùyuán：ウエイター

位 wèi：～名（敬語）　→語彙ワンポイント①

请 qǐng：～してください　→文法②　　　**点** diǎn：注文する　　　**特别** tèbié：特別に

推荐 tuījiàn：推薦する　→語彙ワンポイント②　　　**海鲜** hǎixiān：海鮮

②**快** kuài：速い　　**慢慢儿** mànmānr：ゆっくり　→語彙ワンポイント③

最 zuì：最も　→文法③　　　**爱** ài：好き　　　**北京烤鸭** Běijīng kǎoyā：北京ダック

只 zhī：匹　　　**炒青菜** chǎoqīngcài：青菜炒め

麻辣豆腐 málàdòufu：麻婆豆腐　　　**古老肉** gǔlǎoròu：酢豚

差不多 chàbuduō：ちょうどいい　　　**真** zhēn：本当に

③**饮料** yǐnliào：飲み物　　　**齐了** qí le：そろう

165

☑️ 語彙ワンポイント

・・・

①"位"

　人を数える時は通常は"个"ですが、客の人数など、敬意を表す場合には"位"を使います。レストランに入ると、本文のように"几位?"とまず訊かれるでしょう。答える時にも"位"で答えるか、"个"で答えます。

②"推荐"

　「推薦する、お勧めする」の意味です。"我们今天特别推荐海鲜。"は直訳すると「私たちは今日は特に海鮮をお勧めします」ですが、「海鮮がお勧めです」と言うときにこのように表現します。逆に客の方からお勧め料理を聞きたい時は"你有什么推荐的吗?（何かお勧めはありますか?）"などと言いましょう。

③"慢慢儿"

　二つ目の"慢"は次の"儿"の影響を受けて声調が一声になってしまいます。舌を反らした発音なので、よく聞いてみましょう。

④動詞"来"

　"来"には、「来させる」という意味があり、注文をするときに本文のように"来〜"の形でよく使います。

文法

①様態補語"得"

B147

他走。	Tā zǒu.	彼は歩く。
他走得很慢。	Tā zǒude hěn màn.	彼は歩くのが遅い。
他说。	Tā shuō.	彼は話す。
他说得非常快。	Tā shuōde fēicháng kuài.	彼は話すのがとても速い。

"他走。"ならば「彼は歩く」ですが、その動作が**どんな様子かやどんなふう
か**を表現するときに使うのが様態補語の"得"です。"**他走得**"で「彼が歩くのが」
を表し、"**很慢**"で「遅い」を表します。全体で「彼は歩くのが遅い」になります。
同様に"**他说得非常快。**"は「彼は話すのがとても速い」となります。

次に、目的語があるパターンも見てみましょう。

他说汉语。	Tā shuō Hànyǔ.	彼は中国語を話す。
×他说汉语得很快。		
○他说汉语说得很快。	Tā shuō Hànyǔ shuōde hěn kuài.	
	彼は中国語を話すのが速い。	
○他汉语说得很快。	Tā Hànyǔ shuōde hěn kuài.	
	彼は中国語は話すのが速い。	
你网球打得真好。	Nǐ wǎngqiú dǎde zhēn hǎo.	
	あなたは本当にテニスが上手ですね。	

"得"は動詞につきます。"**他说汉语。**"のように、目的語がある場合、そのま
ま"得"をつけることはできません。したがって"**他说汉语得很快。**"とはなり
ません。

ではどうするかと言うと、動詞をもう一度繰り返します。"**他说汉语**"の後に

"说"をつけるので、"他说汉语说得很快。"となります。ただ、最初の"说"は出てこないことが多く、そうなると"他汉语说得很快。"となります。

B148

(参考) 様態補語はいつ使うのか

他慢慢儿说汉语。　　　Tā mànmānr shuō Hànyǔ.　彼はゆっくりと中国語を話す。

他汉语说得很慢。　　　Tā Hànyǔ shuōde hěn màn. 彼は中国語を話すのがゆっくりだ。

　様態補語の説明をすると、よく疑問に思われるのが、「いつ使うのか」という問題です。特に、副詞を使って動詞を修飾するパターンとの違いがどこにあるのかがわからないのですが、と質問されます。

　"得"を使う構文の重要な情報の焦点は、"得"の後に来る部分です。"他汉语说得很慢。"では、「彼が中国語を話すこと」はすでに文脈上明らかになっていて、その話す様子が「ゆっくりだ」ということに重点があります。本文では、"什么? 你说得太快了,我听不懂。"と出てきていますが、ここでは店員が「何か話していること」はすでに文脈によって明らかです。その話すのが「速すぎる」と伝えています。

　次の"你们吃得那么多。"は、注文を多くしているので、食べることは明らかです。よって「そんなに多いのか」に重点を置いて表現しているのです。

②「〜してください」を表す"请"
B149

请坐。　　　　　　　　Qǐng zuò.　　　　　　　　　　座ってください。

请听我说的话。　　　　Qǐng tīng wǒ shuō de huà. 私の話を聞いてください。

英語で言えば *please* に相当する表現で、「〜してください」と言う時に使います。

③最上級を表す"最"
B150

我最爱吃北京烤鸭。　　Wǒ zuì ài chī Běijīng kǎoyā.
　　　　　　　　　　　私は北京ダックが最も好きです。
　　　　　　　　　　　＊「(食べるのが) 好き」の場合、"喜欢吃〜"か"爱吃〜"と言います。

我们三个人当中，他个子最高。　　Wǒmen sān ge rén dāngzhōng, tā gèzi zuì gāo.

私たち 3 人の中では、彼が最も背が高い。

（当中：～の中で　　个子：背　　高：(背丈などが) 高い）

他汉语说得最好。　　Tā Hànyǔ shuōde zuì hǎo.

彼は中国語を話すのが最もうまい。

她最漂亮。　　Tā zuì piàoliang.　彼女が最もきれいだ。　　（漂亮：きれい）

中国語の最上級はとても簡単で、"**最（最も）**"という語を動詞や形容詞の前に置けばいいだけです。

練習問題

補充単語 考 kǎo：試験を受ける　　还可以 hái kěyǐ：まあまあ

晚 wǎn：(時間が) 遅い

杯 bēi：コップなどの容器に入ったものを数える量詞

青椒肉丝 qīngjiāo ròusī：チンジャオロース　　米饭 mǐfàn：ご飯

練習問題①
C072

質問に指定された語句を使って答えましょう。

① 　　② 　　③ 　　④ 　　⑤

練習問題②
C073

レストランを想定して、質問に指定された語句を使って答えましょう。

① 　　② 　　③ 　　④ 　　⑤

練習問題③
C074

レストランを想定して、日本語を聞いて、中国語で言ってみましょう。

① 　　② 　　③ 　　④

練習問題④
C075

日本語を聞いて、中国語で言ってみましょう。

① 　　② 　　③ 　　④ 　　⑤

⑨ 中華料理と食事の意識

　「中国では食事を残すのがマナー」と聞いたことがありませんか？これ、お客さんをもてなすときなどは、「食べきれないほどの食事でもてなすのがマナー」といったほうが正確かもしれません。中国で食事に招かれると、机からはみ出すほどの料理が並びます。一品ずつ出てくるなんて、けち臭い。一度に並べられた方が豪勢だ、とでも言うように。

　日本人のマナーとしては、食べきらないと悪い気がするし、中国の人はどんどん食事を勧めてきます。このため、食べ過ぎて調子を崩してしまう人が続出してしまいます。そういう席につくことになったら、無理はしないようにしましょう。

　ただ、最近は中国も豊かになって、意識が変わってきました。レストランなどに行くと、「食べきれる量を注文するのが文明的だ」のような注意書きが書いてあったりします。貧しかったころは、豪勢な食事など、年に何度もないことですから、食べきれない量の食事を並べることに意義があったのでしょうが、そうした価値観も都市部では変わりつつあるようです（それでも中国のレストランで回りを見渡すと、びっくりするほどの量を注文しているのを見かけることが少なくありませんが）。

①
B151

坂本：老师 进来 了。老师 好！
Lǎoshī jìnlai le. Lǎoshī hǎo!

老师：大家 好！作业 带来 了 吗？坂 本，你 怎么 站 起来
Dàjiā hǎo! Zuòyè dàilai le ma? Bǎnběn, nǐ zěnme zhàn qilai

　　　了？
　　　le?

坂本：作业 做 是 做 了，但是……
Zuòyè zuò shì zuò le, dànshì

老师：啊？你 又 忘 了？别 再 忘 了。你 先 坐下。
Ā? Nǐ yòu wàng le? Bié zài wàng le. Nǐ xiān zuòxia.

②
B152

老师：坂本，起来！上课 的 时候 不要 睡觉。
Bǎnběn, qǐlái! Shàngkè de shíhou búyào shuìjiào.

坂本：我 太 困 了。
Wǒ tài kùn le.

老师：想 睡觉，你 就 回家 吧。
Xiǎng shuìjiào, nǐ jiù huíjiā ba.

坂本：好！
Hǎo!

老师：你 真 的 回去？回来 吧！
Nǐ zhēn de huíqu? Huílai ba!

③
B153

约翰：你 看，坂本 走进 图书馆 里 去 了。
Nǐ kàn, Bǎnběn zǒujin túshūguǎn li qù le.

玛丽：什么？明 天 会 下 雨。
Shénme? Míngtiān huì xià yǔ.

约翰：啊，他 跑 出来 了。
Ā, tā pǎo chulai le.

玛丽：头 又 疼 起来 了 吧。
Tóu yòu téng qilai le ba.

①

坂本：先生が入ってきた。先生、こんにちは。

先生：みなさんこんにちは。宿題は持ってきましたか？　坂本君、どうして立ち上がったのですか？

坂本：宿題はやるにはやったのですが、ただ……

先生：ええ？　また忘れたのですか？　もう忘れないでください。とりあえず座って。

②

先生：坂本君、起きなさい。授業の時は寝てはいけません。

坂本：とても眠いんです。

先生：寝たければ、家に帰りなさい。

坂本：わかりました。

先生：本当に帰るんですか？　戻りなさい。

③

ジョン：見て、坂本君が図書館に入っていった。

マリー：なんですって？　明日は雨が降るんじゃないかしら。

ジョン：あ、走って出てきた。

マリー：頭がまた痛くなったんでしょう。

語彙

①**大家** dàjiā：みんな　　**进**〔進〕jìn：入る　　**作业**〔作業〕zuòyè：宿題

　带 dài：持つ　　**站** zhàn：立つ　　**又** yòu：また

　再 zài：また、もう　→文法②

②**的时候** de shíhou：〜の時　→語彙ワンポイント②

　不要 búyào：〜してはならない　→語彙ワンポイント③

　睡觉 shuìjiào：寝る　　**困** kùn：眠い　　**回家** huíjiā：家に帰る

　回去 huíqu：帰っていく　　**回来** huílai：帰ってくる

③**会** huì：〜するかもしれない　→文法⑤

　下雨 xià yǔ：雨が降る　→文法④　　**跑** pǎo：走る

✅ 語彙ワンポイント

. . . .

①"老师好!"

中国語のあいさつといえば**"你好"**ですが、先生にあいさつするときは一般に**"老师好"**といいます。先生は、**"大家好（みなさんこんにちは）"**と言います。

🎧 ②"～的时候"
B154

"～的时候"は、「～の時」を表す表現です。

上课的时候不要睡觉。Shàngkè de shíhou búyào shuìjiào.
　　　　　　　　　　　授業の時には寝てはいけない。

我去年在北京的时候，常常吃麻辣豆腐。
　　　　　　　Wǒ qùnián zài Běijīng de shíhou, chángcháng chī málàdòufu.
　　　　　　　私は去年北京にいたころ、よく麻婆豆腐を食べていた。

大学生的时候，我每天在家里学习。
　　　　　　　Dàxuéshēng de shíhou, wǒ měitiān zài jiā li xuéxí.
　　　　　　　大学生のころ、私は毎日家で勉強していた。

🎧 ③"别～（了）""不要～（了）"
B155

别睡了。	Bié shuì le.	寝るな。
别哭了。	Bié kū le.	泣くな。
不要说话（了）。	Búyào shuōhuà (le).	話をするな。
不要哭（了）。	Búyào kū (le).	泣くな。

＊**"睡"**と**"睡觉"**はともに「寝る」です。

"别～（了）"というと、禁止の表現になります。また、**"不要～（了）"**といっても同様に禁止を表せます。文末に**"了"**がついている場合、「今やっていることをやめろ」というニュアンスが出ます。**"别哭了。"**は、今泣いている人に対して「もう泣くな」という意味になります。**"别睡了。"**だと、「寝るのをやめて（起

174

きなさい)」のニュアンスになります。

📕 文法
....

①方向補語

🎧
B156

| 老师进来了。 | Lǎoshī jìnlai le. | 先生が入ってきた。 |
| 老师进去了。 | Lǎoshī jìnqu le. | 入っていった。 |

| 老师出来了。 | Lǎoshī chūlai le. | 先生が出てきた。 |
| 老师出去了。 | Lǎoshī chūqu le. | 出ていった。 |

| 老师走进来了。 | Lǎoshī zǒu jinlai le. | 先生が歩いて入ってきた。 |
| 老师走出去了。 | Lǎoshī zǒu chuqu le. | 歩いて出ていった。 |

他从图书馆跑出来了。　Tā cóng túshūguǎn pǎo chulai le.
　　　　　　　　　　　彼は走って出てきた。

　中国語は動詞の変化形がありませんし、過去形もなく、単純だと思われているかもしれません。しかし言語というものは、何かが単純だと何かが複雑になるものです。中国語は、動詞に様々な補語がついて、その動作を細かく表現する言語です。すでに、"得"を使った様態補語を学習しました。本課で学習するのは、二つ目の補語、方向補語です。

　方向補語とは、動詞の後について、その動作の方向を表す表現です。日本語に直訳できるものと、できないものがあります。実際にどのような動作をするのかをイメージして覚えましょう。

　"进"は「入る」という意味の動詞です。この動詞に方向補語の"来"がついて"进来"となると、「入ってくる」になります。"进"に"去"をつけると「入っ

ていく」になります。例えば話し手が教室の中にいて、先生が入ってきたら"老师进来了。"と言いますし、教室の外にいて、先生が中に入っていくのを見たら、"老师进去了。"と言います。このあたりは日本語とほぼ同じです。

次に"老师出来了。／老师出去了。"を見てみましょう。"出"は動詞で「出る」です。それに"来"がつくと、「出てくる」で、"出去"とすれば「出ていく」です。

さらに、今出てきた"进来、进去、出来、出去"などがそのまま複合方向補語になり、何らかの動詞につくこともあります。例えば"走（歩く）"につくと、"走进来"となり、「歩いて入ってくる」を表します。"走出去"ならば「歩いて出ていく」です。日本語では「歩いて入ってくる」まで表現することは少なく、「歩いてくる」くらいで済ますことが多いですが、中国語ではこのような表現も頻繁に使います。

本文中では③に"他跑出来了。"が出ていますが、これは坂本さんが図書館から走って出てきたことを描写しています。日本語では通常「出てきた」としか言いません。中国語でも"出来了"だけでももちろん使いますが、"跑出来了"のように、動作まで言うことも少なくありません。他にもよく使う方向補語を見ていきましょう。

B157

回来	huílai　帰ってくる	回去	huíqu　帰っていく
走回来	zǒu huilai　歩いて帰ってくる	走回去	zǒu huiqu　歩いて帰っていく
跑回来	pǎo huilai　走って帰ってくる	跑回去	pǎo huiqu　走って帰っていく

坂本给她的礼物，她送回去了。　Bǎnběn gěi tā de lǐwù, tā sòng huiqu le.
坂本さんが彼女にあげたプレゼント、彼女は送り返した。　　　　　　（礼物：プレゼント）

動詞としての"回"は「帰る」の意味なので、"回家"は「家に帰る」となり、よく使います。これに方向補語がつくと"回来（帰ってくる）""回去（帰って

いく)"のようになります。さらにこれらも合体して方向補語となり、動詞につきます。

"跑回来"が「走って帰ってくる」、"跑回去"が「走って帰っていく」はわかりやすいですが、日本語にしにくいものもありますので、その動作の方向をよくイメージしましょう。"坂本给她的礼物，她送回去了。"は、まず「坂本さんが彼女にプレゼントをあげた」ことによって、プレゼントが彼女の元に行きます。そこから坂本さんのところにプレゼントが送られて戻っていくので、"她送回去"となっています。日本語では単に「送り返した」と言うでしょうが、中国語では「返していった」まで表現します。

🎧 B158

上来	shànglai	上ってくる	上去　shàngqu	上っていく
下来	xiàlai	降りてくる	下去　xiàqu	降りていく
拿上来	ná shanglai	持って上がってくる	拿下去　ná xiaqu	持って下りていく

（拿：手で持つ）

走下来　zǒu xialai　歩いて下りてくる　　走下去　zǒu xiaqu　歩いて下りていく

作业带来了吗?　Zuòyè dàilai le ma?　宿題は持ってきましたか？

もう詳しい説明は不要でしょう。"拿上来"は「持って上ってくる」です。視点は上の階や坂の上などにあって、そこに何か物を持って上がってくるわけです。日本語は「持ってくる」とは言いますが、「持って上がってくる」まで詳しくは表現しません。中国語はそこまで方向を言うことが多いのです。

🎧 B159

坐下　　zuòxia　　　座る

站起来　zhàn qilai　立ち上がる

跳起来　tiào qilai　飛び上がる　　　　　　　　　　　　　　（跳：飛ぶ）

飞上天空　fēishang tiānkōng　空に飛んでいく　　　　　（飞：飛ぶ　天空：空）

"下"は下方向への動作、逆に"起来"は上方向への動作を表します（"起来"は本文にある通り、動詞として使われると「起きる」などの意味を表します）。"坐"は「座る」なので、下方向への動作です。"坐"だけでも「座る」なのですから、これだけでもよさそうなのですが、中国語では方向補語の"下"をつけた"坐下"の形でよく用いられます。"站（立つ）"や"跳（飛ぶ、ジャンプする）"は上方向の動作なので、"起来"をつけて用いられることが多いです。「空に飛んでいく」は、"飞上天空"と言います。"飞"だけだと「飛ぶ」の意味ですが、低いところから空に向かって上がって飛ぶ場合は、このような表現になります。

🎧 目的語が入る場合
B160

他回家去了。	Tā huíjiā qù le.	彼は家に帰った。
走进教室里去了。	Zǒujin jiàoshì li qù le.	教室の中に入っていった。
你看，坂本走进图书馆里去了。	Nǐ kàn, Bǎnběn zǒujin túshūguǎn li qù le.	
		見て、坂本君が図書館の中に歩いて入っていった。

「教室に歩いて入っていった」のように、目的語がつく場合、その目的語は動詞と方向補語の間に置かれます。「帰っていく」は"回去"ですが、「家に帰っていく」ならば"回家去"となります。本文では、坂本さんが図書館の中に歩いて入っていっています。"走进去"の"进去"のように、二文字以上複合した方向補語が用いられる場合、目的語は一つ目の文字の後ろに入れます。このため、「教室の中に入っていく」であれば、"走进教室里去"になります。

🎧 方向補語の拡張的用法
B161

头又疼起来了吧。	Tóu yòu téng qilai le ba.	頭がまた痛くなったのでしょう。

看起来，他穿的衣服是很便宜的。

　　　　　　　Kàn qilai, tā chuān de yīfu shì hěn piányi de.

　　　　　　　見たところ、彼が来ている服はとても安いものです。（穿：着る）

我爱上了她。　　Wǒ àishang le tā.　　私は彼女を好きになった。

　方向補語は、時に比喩的に意味が拡張して用いられます。たいていは動詞とセットになるので、よく使う組み合わせを出てくるたびに覚えていくことになります。

　"起来"は方向補語の拡張的用法の中でも特に頻繁に用いられるものです。その中心的意味は「起きあがる」ですが、そこから拡張して「～し始める」の意味を表します。日本語でも「パソコンを立ち上げる」のような表現がありますが、パソコンは文字通り立ち上がるわけがありません。スタートすることを比喩的に立ち上がるというわけですが、中国語の"起来"のイメージもこれと同じです。「起き上がる → スタートする」とイメージが拡張しているのです。

　本文に出てくる例では、"头又疼起来了吧。"とありました。"疼"だけだと「痛い」ですが、"疼起来"だと、「痛いという状態が起こる」ということで「痛くなる」の意味を表します。"看起来"はこのまま熟語と思ってもいいと思います。「見始める → 見たところ」の意味になります。

　次に、方向補語の"上"は様々な動詞について、ある一定程度に達することを表します。"我爱她。"だと、「私は彼女が好きだ」という状態を表す文になりますが、"我爱上了她。"とすると、好きではなかった状態から、好きになったということを表します。よく使う表現です。

🎧 ②"又"と"再"

B162

啊？你又忘了？别再忘了。　　Ā? Nǐ yòu wàng le? Bié zài wàng le.

　　　　　　　　　　　　　　また忘れたのですか？　もう忘れないでください。

今天休息，你明天再来吧。　　Jīntiān xiūxi, nǐ míngtiān zài lái ba.
　　　　　　　　　　　　今日は休みだから、明日また来なさい。　　（休息：休む）

你又来了。　　Nǐ yòu lái le.　　　　　あなたまた来たの。

"又" と "再" はどちらも日本語では「また」という訳になりますが、中国語
では使い方が異なります。"又"は、以前にしたことをもう一度することです。"再"
は、未来においてもう一度することです。本文では先生が "你又忘了？" と言っ
ています。これは、坂本さんが以前にも宿題を忘れて、今回また忘れたという
ことを表しています。"别再忘了。" は、「もう忘れるな」ですが、未来において「ま
た忘れる」ということをするな、と言っているのです。"今天休息,你明天再来吧。"
は、例えばどこかお店に来たら、やっていなかったとします。そこで誰かに「今
日は休みだから、明日また来なさい」と言われる時などに使います。今日やっ
て来て、明日また来るということで "再" を使います。

　最後の "你又来了。" では、「あなた」は以前に来たことがあって、今またやっ
てきた、ということを表します。前に来て、今来たのだから、"又来" です。

🎧 ③天候の言い方
B163

下雨	xià yǔ	雨が降る	下雪　xià xuě　雪が降る	
刮风	guā fēng	風が吹く	打雷　dǎ léi　雷が鳴る	

　天候などの自然現象は、特殊な語順になります。「雨が降る」は日本語の感覚
では「雨」が主語のように思われますから、"雨下" になりそうなものですが、
そうはなりません。動詞の方が先に来ます。日本語でも「降雨」などといいます
ね。同様の表現もまとめて覚えましょう。

🎧 ④可能性を表す"会"
B164

明天会下雨。	Míngtiān huì xià yǔ.	明日は雨が降るかもしれない。
他一定会来的。	Tā yídìng huì lái de.	彼はきっと来るだろう。(一定:きっと)
怎么会呢?	Zěnme huì ne?	どうしてそんなことがあるだろうか？
一定会考上大学。	Yídìng huì kǎoshang dàxué.	
	きっと大学に合格するよ。	(考上：合格する)

"会"は「～できる」であると学習しましたが（→第14課）、「～だろう」「～なはずだ」という推測、可能性も表します。この場合、文末に"的"を用いることが多くあります。この場合の"的"は話し手の気持ちを表します。"怎么会呢？"は、ありえそうもないことを聞いた時などに、よく使う表現で、直訳は上のとおりですが、「ありえないだろ」と言いたいときによく使います。

🎧 ⑤仮定表現の"就"
B165

想睡觉，你就回家吧。	Xiǎng shuìjiào, nǐ jiù huíjiā ba.
	寝たければ、家に帰りなさい。
你去，我就不去。	Nǐ qù, wǒ jiù bú qù.
	あなたが行くなら、私は行かない。
明天下雨，我就不上课。	Míngtiān xià yǔ, wǒ jiù bú shàngkè.
	明日雨が降ったら、私は授業に出ない。

本文に"想睡觉，你就回家吧。"という表現が出てきました。この文のポイントは"就"です。

中国語で仮定の表現「AならばB」を作りたいときには、Bの方に"就"を加えます。"想睡觉"だけだと、「眠りたい」ですが、これを「眠りたければ」とにするためには、こちらをいじりません。後ろ側の"你回家吧（家に帰りなさい）"に"就"を付け加え、"你就回家吧。"と言います。"就"が出てくることによって、

仮定表現だとわかるのです。

　“你去，我就不去。”から“就”を取り、“你去，我不去。”とすると、「あなたは行き、私は行かない」と言うだけですが、“就”が入ることによって、「あなたが行くなら、私は行かない」の意味になります。

📋 練習問題

補充単語　　**丢** diū：なくす　　**钱包** qiánbāo：財布

🎧 練習問題①
C076

日本語を聞いて、中国語で言ってみましょう。

① 　　② 　　③ 　　④ 　　⑤ 　　⑥ 　　⑦ 　　⑧ 　　⑨ 　　⑩

⑪ 　　⑫ 　　⑬ 　　⑭ 　　⑮ 　　⑯ 　　⑰

🎧 練習問題②
C077

日本語を聞いて、中国語で言ってみましょう。

① 　　② 　　③ 　　④ 　　⑤ 　　⑥

🎧 練習問題③
C078

日本語を聞いて「～なら、～する」という表現を作りましょう。

例：あなたが来ないなら、私は行く　→　**你不来，我就去。**

① 　　②

第18課　結果補語

B166

Zuòwén xiěwán le ma?
老师：作文 写完 了 吗？

Xiěwán le.
玛丽：写完 了。

Nǐ Hànyǔ xiěde hái kěyǐ. Jìnbù yuè lái yuè dà le.
老师：你 汉语 写得 还 可以。进步 越 来 越 大 了。

Wǒ xīnxinkǔkǔ de xuéxí, Hànyǔ bǐ yǐqián hǎo duō le.
玛丽：我 辛辛苦苦 地 学习，汉语 比 以前 好 多 了。

🎧 ❷

B167

Wǒ shuō de huà nǐ tīngdǒng le ma?
老师：我 说 的 话 你 听懂 了 吗？

Méi tīngdǒng. Qǐng zài shuō yí biàn.
坂本：没 听懂。请 再 说 一 遍。

Shàng cì de nèiróng xuéhuì le ma?
老师：上 次 的 内容 学会 了 吗？

Xuéhuì le.
坂本：学会 了。

🎧 ❸

B168

Qiánmiàn yǒu rén zài shuōhuà, nǐ kàndào le ma?
约翰：前 面 有 人 在 说话，你 看到 了 吗？

Kàndào le. Tā shì shéi?
坂本：看到 了。他 是 谁？

Tā shì xīn lái de tóngxué.
约翰：他 是 新 来 的 同学。

Tā shì nǎ guó rén?
坂本：他 是 哪 国 人？

Tā shì Déguórén. Ā, nǐ kàn, hǎoxiàng tā tīngjiànle wǒmen de
约翰：他 是 德国人。啊，你 看，好像 他 听见了 我们 的

huà.
话。

184

①

先　生：作文は書き終わりましたか？

マリー：書き終わりました。

先　生：中国語を書くのはまずまずですね。どんどん進歩しています。

マリー：苦労して勉強して、以前よりもずっとよくなりました。

②

先生：私の話は聞き取れましたか？

坂本：聞き取れませんでした。もう一度言ってください。

先生：前回の内容はマスターしましたか？

坂本：しました。

③

ジョン：前で話している人がいますが、見えましたか？

坂　本：見えました。彼は誰ですか。

ジョン：彼は新しく来たクラスメイトです。

坂　本：彼は何人ですか？

ジョン：彼はドイツ人です。あ、見て、どうやら彼は私たちの話が聞こえたようです。

語 彙

①作文 zuòwén：作文　　完 wán：〜し終える　　还可以 hái kěyǐ：まあまあ

　进步〔進歩〕jìnbù：進歩　　越来越 yuè lái yuè：どんどん

　　※ "步" は日本語の漢字に比べて一画少ないですが、気づきにくいので要注意です。

　辛辛苦苦 xīnxīnkǔkǔ：苦労して　→語彙ワンポイント②

　地 de：　→文法②

②听懂 tīngdǒng：聞いてわかる　　懂 dǒng：理解する　　上次 shàng cì：前回

　学会 xuéhuì：マスターする

③前面 qiánmiàn：前　　看到 kàndào：見る

　同学 tóngxué：同じ学校などで勉強している学生　→語彙ワンポイント④

　听见 tīngjiàn：聞こえる

185

①"比以前好多了"

比較の表現で、形容詞に"多了"をつけると、「ずっと～になった」の意味を表します。特に"好多了"の形で使われることが多いので、このまま覚えましょう。

🎧 ②"辛苦"
B169

「つらい、苦労する、骨が折れる」という意味の形容詞です。本文中では"辛辛苦苦"と重ね型で用いられています（→文法②）。

工作很辛苦。	Gōngzuò hěn xīnkǔ.	仕事が大変だ。
辛苦了!	Xīnkǔ le!	お疲れさまでした。

"辛苦了!"は「お疲れさまでした、ご苦労さまでした」という意味の決まり文句です。ただし、日本語の「お疲れさまでした」は、特に疲れていなくても仕事終わりなどにあいさつとして使いますが、中国語の"辛苦了!"は本当にたいへんなことを終えた人に対して声をかけるのに使います。

③"请再说一遍"

「もう一度言ってください」と言うときは、こう表現します。決まり文句に近いので、このまま覚えましょう。

④"同学"

同じ学校の人、同じクラスで学んでいる友達などに呼びかけるのに使います。"坂本同学"のように、名前に付けてもよく使います。また、先生もクラスの学生・生徒に呼びかけるときに使います。

文法

①結果補語
B170

| 我看了。 | Wǒ kàn le. | 私は見た。 |

我看了。　　　　　Wǒ kàn le.　　　　私は見た。

我看到了。　　　　Wǒ kàndào le.　　　私は見た（見るに到った）。

从我家可以看到富士山。　Cóng wǒ jiā kěyǐ kàndào Fùshìshān.
　　　　　　　　　　　私の家からは富士山が見ることができる。

中国語の動詞は、基本的に動作のみを表し、その結果までは表現していません。"我看（私は見る）"という動作は、単に見ようとしたことを表し、その結果として見えたかどうかまでは表していないのです。ひょっとしたら見えなかったかもしれません。

"看到"と、"到"をつけると、確実に対象を見るに到るところまでを表現します。このように、動詞についてその動作の結果を表すタイプの補語を結果補語と言います。先に方向補語を勉強しましたが（第17課）、中国語はこのように動詞に多様な補語を付け加えることによって微妙なニュアンスを表現する言語なのです。

次の例文、"从我家可以看到富士山。"は、富士山という対象を確実に見るに到ることが可能だ、ということを表しています。

我看见富士山了。　　Wǒ kànjiàn Fùshìshān le.　　富士山が見えた。

前面有人在说话，你看到了吗？　Qiánmiàn yǒu rén zài shuōhuà, nǐ kàndào le ma?
　　　　　　　　　　　　　　　　前で話している人がいますが、見えましたか？

　"看到"によく似た表現に、"看见"があります。結果補語"见"のついた表現"看见"は、「見える」ことを表します。"看到"と何が違うのかというと、"看到"のほうは意識的に見ようとして見ることを表すのに対して、"看见"は非意識的に「見える」ことを表します。頑張って見ようとしたわけではなくて、富士山が見えたとしたら"富士山你看见了吗？"と言います。この場合、富士山は意味的には目的語ですが、主題化されて前に出ることのほうが多いです。

　本文③ "前面有人在说话，你看到了吗？"は、前で話している人を、意識的に見て見えたかどうかを聞いています。この場合、"看见了"としても大差はありません。結果補語のニュアンスは、日本語に直訳できないものも多いので、文脈の中でどのように使われているのかを把握し、その細かなニュアンスを少しずつ覚えていくようにしましょう。

🎧 結果補語　"到"と"见"

B171

我听见了他们说的话。　　Wǒ tīngjiànle tāmen shuō de huà.
　　　　　　　　　　　　私は彼らの話が聞こえた。

好像他听见了我们的话。　Hǎoxiàng tā tīngjiànle wǒmen de huà.
　　　　　　　　　　　　どうやら彼に私たちの話が聞こえたようだ。

我听到了那个消息。　　　Wǒ tīngdàole nàge xiāoxi.
　　　　　　　　　　　　私はそのニュースを聞いた。

他找到了他的钱包。　　　Tā zhǎodàole tā de qiánbāo.　　彼は彼の財布を見つけた。

他已经回到家了。　　　　Tā yǐjīng huídào jiā le.　　　　彼はもう家に着いた。

　動詞"听（聞く）"に結果補語の"到""见"をつけた形"听到""听见"も、"看到"、"看见"と似たような働きをします。両者とも、単に聞こうとしただけで

188

なく聞こえたところまで表現しますが、"听到"のほうが意識的に聞くことが多いです。この両者は似た意味なので、どちらも使えるケースもあります。"我听到了那个消息。"は"听见"としても大差はありません。本文に出てきた"好像他听见了我们的话。"は、ジョンさんと坂本さんの話がこのクラスメイトに「聞こえた」ことを言っています（日本語訳だとこうなりますが、中国語の構文上は、あくまで"他"が主語、"听见"が動詞、"我们的话"が目的語です）。

　"找"は「探す」という意味でしたが、"到"がつくとどうなるでしょうか。「探す」という行為が、その最終段階まで到ったことを表します。「探す」の最終段階とは、その探していたものが「見つかる」段階です。したがって"找到"は日本語で言えば「見つける、見つかる」という意味になります。

　"回到家"はどうでしょうか。単に"回家"と言う場合、「家に帰った」という動作を表しますが、これだけだとまだ家に着いたかどうかまでは言っていません。着いたかもしれないし、途中で事故にあっているかもしれません。"回到家"と、"到"がつくことによって、到着が表されます。

🎧 "完" "懂" "会"

作文写完了吗?	Zuòwén xiěwán le ma?	作文は書き終わりましたか？
那部电影，我看完了。	Nà bù diànyǐng, wǒ kànwán le. あの映画は、私は見終わりました。	
我说的话你听懂了吗?	Wǒ shuō de huà nǐ tīngdǒng le ma? 私の話は、聞き取れましたか？	
上次的内容学会了吗?	Shàng cì de nèiróng xuéhuì le ma? 前回の内容はマスターしましたか？	

　動詞に結果補語"完"をつけると、「～し終わる」を表します。"作文写完了吗？"は「作文は書き終わりましたか？」の意味です。次の"看完"ならば、「見終わる」

になります。単に“看了”と言った場合、映画全部を見たかどうかは言っていません。このため5分くらいで眠くなって寝てしまってもこう表現することが不可能ではありません。

“懂”はこのまま動詞としても「理解する、わかる」の意味でよく使います。結果補語の場合は、“听懂”“看懂”の組み合わせでよく使います（ほとんどこの二つでしか使いません）。“听懂”は聞いてわかることを表し、“看懂”は見てわかる、読んでわかることを表します。

“会”は結果補語になると「～した結果できるようになる」を表すので、“学会”は日本語にすると「マスターする」の意味になります。

🎧 結果補語のついた動詞文の否定
B173

| 没听懂。 | Méi tīngdǒng. | （聞いて）わかっていない。 |

我想看富士山，但是没看到。
Wǒ xiǎng kàn Fùshìshān, dànshì méi kàndào.
私は富士山を見たかったが、見られなかった。

我还没学会英语。　Wǒ hái méi xuéhuì Yīngyǔ.
私はまだ英語をマスターしていない。

那个消息我还没听到。　Nàge xiāoxi wǒ hái méi tīngdào.
そのニュースは私はまだ聞いていない。

結果補語のついた動詞文を否定するときは、“没”を使います。“没听懂”は「聞いてわかった」を否定しているので、「聞いてわかっていない」を表します。

“我想看富士山，但是没看到。”の“但是没看到”は、「見るに到らなかった」ということです（日本語に訳すと「見られなかった」が近くなります）。“我还没学会英语。”は「私はまだ英語をマスターしていない」です。目的語を前に出して“我英语还没学会。”もしくは“英语我还没学会。”とも言います。

②連用修飾語に使う"地"
B174

辛辛苦苦地学习，比以前好多了。

Xīnxīnkǔkǔ de xuéxí, bǐ yǐqián hǎo duō le.

苦労して勉強して、以前よりもずっとよくなりました。

高高兴兴地做作业。　Gāogāoxìngxìng de zuò zuòyè.　嬉しそうに宿題をする。

(高兴：嬉しい)

努力地学中文。　Nǔlì de xué Zhōngwén.　中国語を頑張って勉強する。

　主に形容詞などが、副詞的に動詞を修飾する際、**"地"**が用いられます。ただし、副詞としてよく用いられるものは、**"地"**が省略されることも少なくありません。**"努力地学中文。""努力学中文。"**ともいいます。

　"辛辛苦苦"は、「つらい、骨が折れる、苦労する」という意味の形容詞**"辛苦"**の重ね型です。形容詞は重ね型で用いられると、生き生きとした感じになります。今、その瞬間の状態を描写するようなイメージになります。

③"前面有人在说话"
B175

　既に、「～に～がある」の表現は学習しました（→第７課）。さらに、「～に～している人／物　がいる／ある」と言うときには、次のような文型になります。

場所	有	人	動詞句

前面　有　人　在说话。　前で話している人がいる。
Qiánmiàn yǒu rén zài shuōhuà.

后面　有　人　睡觉。　後ろで寝ている人がいる。　　(后面：後ろ)
Hòumiàn yǒu rén shuìjiào.

練習問題

補充単語　**东京塔** Dōngjīngtǎ：東京タワー　　**车站** chēzhàn：駅

練習問題①
C079

質問に指定された語句を使って答えましょう。

①　　②　　③　　④　　⑤　　⑥　　⑦

練習問題②
C080

次に流れる文に、後から流れてくる副詞を入れて、全文を言ってみましょう。

①　　②

192

第16課～第18課　総合練習問題

　第16課から第18課では、結果補語や方向補語を学習しました。これによって、さらに細かいことが表現可能になりました。さらに練習して、定着させましょう。

補充単語　**一般** yībān：普通　　**经常** jīngcháng：いつも　　**少** shǎo：少ない

　　　　　第 dì：第　　**课** kè：課　　**吃饱** chībǎo：お腹がいっぱいになる

🎧 練習問題①
C081

指定される語句と"得"を使って表現を完成させましょう。

例：私／歩く／早い　→　我走得很快

① 　　② 　　③ 　　④ 　　⑤ 　　⑥ 　　⑥ 　　⑦ 　　⑧

🎧 練習問題②
C082

指定される語句と方向補語を使って表現を完成させましょう。

① 　② 　③ 　④ 　⑤ 　⑥ 　⑦ 　⑧ 　⑨ 　⑩ 　⑪ 　⑫

🎧 練習問題③
C083

指定される語句と結果補語を使って表現を完成させましょう。

① 　　② 　　③ 　　④ 　　⑤ 　　⑥ 　　⑦ 　　⑧ 　　⑨

🎧 練習問題④
C084

日本語を聞いて、中国語で言ってみましょう。

① 　　② 　　③ 　　④ 　　⑤ 　　⑥ 　　⑦

🎧 **❶**
B176

老师：Jīntiān shì tīnglì kǎoshì, bǎ kèběn fàngzài shūbāo li ba. Bǎnběn,
今天 是 听力 考试，把 课本 放在 书包 里 吧。坂本，

bǎ qiānbǐ ná chulai.
把 铅笔 拿 出来。

坂本：Gāngcái zài shítáng wǒ de shūbāo bèi rén tōu le.
刚才 在 食堂 我 的 书包 被 人 偷 了。

老师：Ā? Nà nǐ kuài qù zhǎo ba.
啊？那 你 快 去 找 吧。

🎧 **❷**
B177

老师：Nǐ de shūbāo zhǎodào le ma?
你 的 书包 找到 了 吗？

坂本：Shūbāo zhǎodào le. Dànshì, lǐmiàn de qiánbāo méi yǒu le.
书包 找到 了。但是，里面 的 钱包 没 有 了。

老师：Zuìjìn xiǎotōu bǐjiào duō, nǐ yào xiǎoxīn diǎnr.
最近 小偷 比较 多，你 要 小心 点儿。

坂本：Qiánbāo zhǎo bu dào, Hànyǔ yě xué bu huì, zǎoshang yě qǐ bu
钱包 找 不 到，汉语 也 学 不 会，早上 也 起 不

lái, wǒ zhēn xiǎng huíjiā.
来，我 真 想 回家。

🎧 **❸**
B178

坂本：Wǒ zěnme bàn cái hǎo ne?
我 怎么 办 才 好 呢？

老师：Nǐ yǒu bǎoxiǎn ma?
你 有 保险 吗？

坂本：Yǒu.
有。

老师：Nà nǐ xiān qù zhǎo jǐngchá, ránhòu gēn bǎoxiǎn gōngsī liánxì jiù
那 你 先 去 找 警察，然后 跟 保险 公司 联系 就

hǎo.
好。

①

先生：今日はリスニング試験です、教科書をカバンの中に入れてください。坂本君、鉛筆を取り出しなさい。

坂本：さっき、食堂で私のカバンが誰かに盗まれました。

先生：なんだって？　それならはやく探しに行きなさい。

②

先生：カバンは見つかりましたか？

坂本：カバンは見つかりました。しかし、中の財布がなくなっていました。

先生：最近はスリが多いですから、気を付けなければなりません。

坂本：財布は見つからないし、中国語もマスターできず、朝も起きられない、本当に家に帰りたいです。

③

坂本：どうしたらいいでしょうか？

先生：保険はありますか？

坂本：あります。

先生：それならばまず警察に行って、それから保険会社に連絡するのがいいでしょう。

語 彙

①**听力** tīnglì：リスニング　　**课本** kèběn：教科書　　**放** fàng：入れる、置く

书包 shūbāo：カバン　　**把** bǎ：～を　→文法①　　**铅笔** qiānbǐ：鉛筆

拿出来 ná chulai：取り出す　　**刚才** gāngcái：さっき　　**食堂** shítáng：食堂

被 bèi：～される　→文法④　　**偷** tōu：盗む　　**快** kuài：(速度が) 速い、はやく

②**里面** lǐmiàn：中　→語彙ワンポイント①　　**钱包** qiánbāo：財布

最近 zuìjìn：最近　　**小偷** xiǎotōu：スリ、こそ泥

小心 xiǎoxīn：気を付ける　　**点儿** diǎnr：ちょっと

找不到 zhǎo bu dào：見つからない　　**学不会** xué bu huì：マスターできない

起不来 qǐ bu lái：起きられない　→文法②

③**才** cái：ようやく　→文法③　　**保险** bǎoxiǎn：保険　　**警察** jǐngchá：警察

然后 ránhòu：それから　　**公司** gōngsī：会社　　**联系** liánxì：連絡する

📝 語彙ワンポイント

①"里面"

"里"は、名詞につくと「〜の中」を表します。「図書館の中」ならば"图书馆里"、「家の中」ならば"家里"です。しかし、名詞につかず、本文のように単独で「中」と言いたいときには、"里面"と言います。

②"没有了"

"没有"は「ない、持っていない」の意味です。これに変化の"了"がつくことによって、「なくなった」ことを表します。

③"跟〜联系"

「〜に連絡する」「〜と連絡を取る」というときには、このように表現します。

📖 文法

🎧 ①"把"構文

B179

本文中で、以下のように、"把"を使った文が出てきました。

把课本放在书包里吧。	Bǎ kèběn fànzài shūbāo li ba. 教科書をカバンの中にしまいなさい。
坂本，把铅笔拿出来。	Bǎnběn, bǎ qiānbǐ ná chulai. 坂本君、鉛筆を取り出しなさい。

この構文を学習していきましょう。まず、次の例を見てください。

我 看完了 那本书。　　　Wǒ kànwánle nà běn shū.　　　私はその本を読み終えた。

↓

我 把那本书 看完了。　　Wǒ bǎ nà běn shū kànwánle.　私はその本を読み終えた。

　中国語の基本語順は SVO ですから、「私はその本を読み終えた」なら、基本的には“我看完了那本书”と言うのでした。ところが、“把”を使って目的語を前に出し、その後から動詞を続ける場合があります。上の例では目的語の“那本书”が前に出ているのがわかります。これを“把”構文と言います。

　このパターンは常に使えるわけではなく、以下の二つの制約があります。

①“把”の後にくる目的語は特定されているものでなければならない。

②動詞は単純ではダメで、必ず補語や“了”などのアスペクト助詞を伴う。

○　　我　　　把那本书　　　看完了。

×　　我　　　把一本书　　　看完了。

×　　我　　　把那本书　　　看。

　特定のものとは、話し手も聞き手もそれがなんだかはっきりわかっているものです。“那本书（その本）”は、本が特定されたものなので、この構文で使うことができます。しかし、“一本书（1 冊の本）”は不特定のものなので、“把”の後に続けることはできません。

　そして、“我把那本书看。”では、動詞の“看”に何もついていないので、不可です。

　では、この構文はいつ使うのでしょうか。“我看完了那本书”と何が違うのでしょうか。ポイントは、先ほどの二つの条件①“把”の後には、特定されているものしか置けない　②動詞は単純ではいけない　にあります。“把”でとりあ

げる意味的に目的語のものが「特定されているもの」であるということは、話し手も聞き手もそのものの存在をあらかじめわかっているということです。この構文では、話し手も聞き手も了解していることをまず取り立て、その後ろに**"把"**で取り上げた事物をどのように処理するのかを言うための形です。このこのため、処置式とも呼ばれています。

"我把那本书看完了。"は、「その本」を取り立ててまず注目した上で、それを「読み終わった」ことに重点がある表現です。動詞が単純な形で終わるのであれば、この構文を使う必要がなくなってしまうので、**"我把那本书看。"**ではダメなわけです。

まだこれだけではピンとこないでしょうから、さらに例文を挙げます。

B180

把＋目的語　　動詞＋何か

你	把票	卖给我吧。	Nǐ bǎ piào màigěi wǒ ba.
			チケットを私に売ってよ。　　　　（卖：売る）
他	把手机	拿到了桌子上。	Tā bǎ shǒujī nádàole zhuōzi shang.
			彼は携帯を机の上に持ってきた。

先ほどは話を分かりやすくするために**"我把那本书看完了。"**という例文を用いましたが、実際にこの構文が使われるのは、後半部分がさらに複雑な場合がほとんどです。その場合、**"把"**構文でないと表現できない場合も多くあります。ここで挙げた二例、**"你把票卖给我吧。"**、**"他把手机拿到了桌子上。"**では、目的語にあたるものがそれぞれ**"票"**と**"我"**、**"手机"**と**"桌子上"**と二つずつあり、複雑です。二重目的語を取れる動詞ならいいのですが、そうでない場合には**"把"**を用いて表現するのが自然です。そして、この構文を使うときには、**"放在""卖给"**のように、動詞の後に前置詞が用いられるパターンが多く使われます（→第14課）。

では、これらの文をどういうシチュエーションで使うのか、さらに考えてみましょう。

" 你把票卖给我吧。" の " 票 " はさまざまなチケット一般をさす言葉ですが、ここでは例えばコンサートのチケットとしてみましょう。次のような文脈が考えられます。

A：私、今度のコンサートいけなくなっちゃった。せっかくチケットとったのに。
B：私、そのコンサート行きたい。**チケット私に売ってよ。**

このようなシチュエーションの場合、中国語では先ほどの文を使うのが適切です。この二人の会話では、「チケット」はＡさんが取得したものということで、**特定されています。**また、表現の重点は、**そのチケットを「私に売る」**ことです。そこでまず " 把票 " とチケットを " 把 " で取り上げて注目したうえで、**" 卖给我吧 "**と続けるのです。

それではここで、本文に出てきた二つの表現を見てみましょう。

把课本放在书包里吧。　　Bǎ kèběn fàngzài shūbāo li ba.
　　　　　　　　　　　　教科書をカバンの中にしまいなさい。

坂本，把铅笔拿出来。　　Bǎnběn, bǎ qiānbǐ ná chulai.
　　　　　　　　　　　　坂本君、鉛筆を取り出しなさい。

本文ではまず、" 把课本放在书包里吧。" が出てきました。これは、テストに先立って教科書をカバンの中にしまえという指示ですが、これが使われる場面では恐らく学生たちは教科書を机の上などに広げて最後のあがきをしているところでしょう。そこで先生はまずその目に入る「教科書」を " 把 " で取り立てて注目させます。その上でその教科書を「カバンの中に入れろ」と言っている

のです。

　次の"坂本，把铅笔拿出来。"はどうでしょうか。坂本さんは机の上に何も出していませんが、テストを受けるためには何らかの筆記具を出すのが当然です。そこで、先生は"把铅笔"と当然持っているはずの鉛筆に注目したうえで、その鉛筆を取り出せ、と言っているのです。重点はやはり「取り出す」という処理の仕方にあります。

②可能補語
B181

钱包找不到，汉语也学不会，早上也起不来。

Qiánbāo zhǎo bu dào, Hànyǔ yě xué bu huì, zǎoshang yě qǐ bu lái.

財布は見つからない、中国語もマスターできない、朝も起きられない。

　これまで、方向補語と結果補語を学習してきました。方向補語や結果補語を使用するパターンで、動詞と補語の間に"不"を入れると、「〜することができない」、"得"を入れると「〜することができる」という意味になります。これを可能補語と呼びます。「できる、できない」の言い方はすでに"可以、会、能"の三つを学習しましたが、方向補語、結果補語がついた文では、可能補語を使った言い方がよく使われます。

　"找到"は「見つける、見つかる」を表すのでした。間に"不"をいれ"找不到"とすると、「見つからない、見つけることができない」の意味になります。"学会"は「マスターする」という意味でした。"学不会"だと「マスターできない」です。"起来"は「起きる」だったので、"起不来"だと「起きられない」になります。

　我汉语听不懂，但是看得懂。 Wǒ Hànyǔ tīng bu dǒng, dànshì kànde dǒng.

私は中国語は聞き取れないが、読んでわかる。

你日语看得懂吗？　　　　　Nǐ Rìyǔ kànde dǒng ma?
　　　　　　　　　　　　　あなたは日本語は読んでわかりますか？

（你日语看得懂看不懂？　Nǐ Rìyǔ kànde dǒng　kàn bu dǒng?）

这么大的行李，我拿不上去。Zhème dà de xíngli, wǒ ná bu shangqu.
　　　　　　　　　　　　　こんなに大きい荷物は、持って上がれない。

那篇小说比较长，一天看不完。
　　　　　　　　　　　　　Nà piān xiǎoshuō bǐjiào cháng, yì tiān kàn bu wán.
　　　　　　　　　　　　　あの小説は比較的長いので、1日では読み終われない。

"听懂" で「聞いてわかる」ですが、可能補語にすることによって「聞いてわ
かることができない」の意味になります。これは聞き取れない時によく使うパ
ターンなので、熟語として覚えてよいでしょう。逆に "听得懂" だと、「聞いて
わかることができる」を表します。同様に、"看得懂" なら「読んでわかる」、"看
不懂" ならば「読んでわからない」を表します。したがって最初の例文 "我汉
语听不懂，但是看得懂。" は、「私は中国語は聞き取れないけれども、読んでわ
かることはできる」を表します。

　次の "你日语看得懂吗？" は、日本語を読んでわかるかどうかを聞く疑問文
です。反復疑問文にする場合には、"你日语看得懂看不懂？" のように、肯定形
と否定形を並べます。

　"拿上去" は、「持って上がっていく」を表しますが、"我拿不上去" だと、「持っ
て上がれない」ことを表します。"这么大的行李，我拿不上去。" は、「こんな大
きな荷物、持って上がれないよ」になります。荷物が大きすぎて、2階に運んで
いけないのです。

　"看完" は「読み終える」でしたから、"看不完" は「読み終われない」にな
ります。"一天看不完" だと、「1日で読み終われない」の意味です。

否定形と肯定形

　上に挙げた例文では、"找不到、学不会、起不来"など、ほとんどが否定形でした。可能補語を使うのは、ほとんどの場合は否定形です。"看得懂"のような肯定形は"你看得懂吗？"のような疑問文や、その疑問文に答える時に使います。もしくは"我汉语听不懂，但是看得懂。"のように対比的に言う時に使います。

🎧 熟語として覚えるべき可能補語
B182

太热了，我受不了。	Tài rè le, wǒ shòu bu liǎo. 暑すぎる、耐えられない。
点的菜太多了，我吃不了。	Diǎn de cài tài duō le, wǒ chī bu liǎo. 注文した料理が多すぎて、食べきれない。
太贵了，我买不起。	Tài guì le, wǒ mǎi bu qǐ. 高すぎて、買えない（お金が足りなくて）。
那支钢笔已经买不到了。	Nà zhī gāngbǐ yǐjīng mǎi bu dào le. その万年筆はもう買えなくなった（売っていない）。
我最近晚上睡不着。	Wǒ zuìjìn wǎnshang shuì bu zháo. 私は最近夜眠れない。

　可能補語の中には、熟語として覚えるべきパターンも多くあります。出てくるたびに覚えていきましょう。"受不了"（"了"の発音に注意）は、「耐えられない」の意味で、非常によく使います。仕事や課題が多くてどうにも耐えられない時などは、このフレーズを使いましょう。

　"吃不了"は、「食べきれない」「もう食べられない」の意味です。中国では客人をもてなす場合、食べきれない量の食べ物でもてなすのが礼儀ですし、さかんに「食べろ、食べろ」と言ってきます。そんな際に使えるフレーズです。

　"买不起"は「（値段が高くて）買えない」を表す表現です。一方、"买不到"は「（すでに完売などしていて）買えない」を表します。ついでに、"买到"の

例文を挙げておきましょう。

那支钢笔我终于买到了。　　Nà zhī gāngbǐ wǒ zhōngyǔ mǎidào le.
　　　　　　　　　　　　　　その万年筆を、私はついに買った。　　（终于：ついに）

"买到" は「買うに到る」ですから、なかなか商品が見つからずに苦労して、ようやく買うに到った時などに使う表現です。お金をためて、ようやく買えた時にも使います。"买不到" はこれを否定しているわけですね。

最後の "睡不着" は「眠れない」の意味です。

③"才"の用法
B183

这么办才好。　　Zhème bàn cái hǎo.　　　　このようにすれば（それでようやく）よい。

爸爸回来，才能吃饭。　　Bàba huílai, cái néng chīfàn.
　　　　　　　　　　　　　お父さんが帰ってきたら、ようやくご飯を食べられる。

我怎么办才好呢?　　Wǒ zěnme bàn cái hǎo ne?　　　どうしたらよいでしょうか？

"才" は中国語でよく使われますが、日本語では訳さないことも多く、初学者には使い方が難しい語です。その中心的な意味は「やっと、ようやく」だと覚えましょう。"这么办才好。" は「このようにすることによって、それでようやく、よい」というのが文字通りの意味です。例えばＡという方法を用いてもダメ、Ｂという方法を用いてもダメ、Ｃでもダメ、Ｄという方法を試してようやく大丈夫だったときにこのように言います。

"爸爸回来，才能吃饭。" はもう少しわかりやすいでしょうか。お父さんが帰ってくるという条件を満たして初めてご飯が食べられる、の意味です。他の条件ではだめなのです。

本文に出てきた "我怎么办才好呢? " は、坂本君が財布を盗まれて途方に暮

れている場面で使われていました。「どのようにすることによって、それでよう
やく、なんとかなるのか」ということを表します。**“才”** には、「それでようやく」
の気持ちが込められているのです。

④受け身

主語	被	～に	動詞句

| 我的自行车 | 被 | 人 | 骑走了。 | Wǒ de zìxíngchē bèi rén qízǒu le. |

私の自転車が誰かに盗まれた。

| 我的电脑 | 被 | 他 | 弄坏了。 | Wǒ de diànnǎo bèi tā nònghuài le. |

私のパソコンが彼に壊された。

（电脑：パソコン）

| 我的书包 | 被 | 人 | 偷了。 | Wǒ de shūbāo bèi rén tōu le. |

私のカバンが誰かに盗まれた。

中国語の受け身文は、上述のように **“被”** を使用します。ただし、英語の受
け身文のように何にでも使えるわけではなく、一般的に何らかの被害にあった
場合にのみ使用します。

語順は、主語の後に **“被”** をつけ、その後に「～に」の部分（英語で言えば
by にあたる）が来て、最後に動詞句が来ます。「～に」の部分は出てこない場
合もあります。

なお、ここの **“人”** は不特定の「誰だかわからない人」の意味です。**“骑走”**
は「乗って行く」**“弄坏”** は「壊す」です。

練習問題

補充単語　**电脑** diànnǎo：パソコン　　**弄坏** nònghuài：壊す　　**重** zhòng：重い

練習問題①

C085

指定される語句を使って " 把 " を用いた表現を作りましょう。

例：鉛筆／取り出す　→　把铅笔拿出来

① 　　② 　　③ 　　④ 　　⑤

練習問題②

C086

指定される語句を使って " 被 " を用いた表現を作りましょう。

① 　　② 　　③

練習問題③

C087

質問に指定された語句を使って答えましょう。

① 　　② 　　③ 　　④ 　　⑤ 　　⑥

①
B185

Yǒu rén ma?
马 克：有 人 吗？

Mén kāizhe, jìnlai ba.
张太太：门 开着，进来 吧。

Wǒ yào bàn tuìfáng shǒuxù.
马 克：我 要 办 退房 手续。

Nǐ yào tuìfáng ma?
张太太：你 要 退房 吗？

Wǒ de nǚpéngyou xià xīngqī yào lái Běijīng le, wǒmen xiǎng zài
马 克：我 的 女 朋友 下 星期 要 来 北京 了，我们 想 在

wàimiàn yíkuàir zhù.
外 面 一块儿 住。

Hǎo. Yājīn huángěi nǐ.
张太太：好。押金 还 给 你。

②
B186

Wǒ de fángjiān li láile yí ge xīn tóngwū.
坂本：我 的 房 间 里 来了 一 个 新 同屋。

Shì ma?
约翰：是 吗？

Shì de. Zuótiān cóng wàibian huílai, zhuōzi shang fàngzhe hěn duō
坂本：是 的。昨天 从 外边 回来，桌子 上 放着 很 多

dōngxi. Qiáng shang yě guàzhe cónglái méi kànguo de wàitào.
东西。墙 上 也 挂着 从来 没 看过 的 外套。

③
B187

Guòle jǐ fēn zhōng, nà ge rén huílai le. Tā kàn qilai hěn lèi.
坂本：过了 几 分 钟，那个 人 回来 了。他 看 起来 很 累。

Tā shì shénme shíhou lái de?
约翰：他 是 什么 时候 来 的？

Tā shì zuótiān gāng lái de.
坂本：他 是 昨天 刚 来 的。

①

マーク：誰かいますか？

張おばさん：ドアは空いているから、入ってきなさい。

マーク：チェックアウトの手続きをしたいです。

張おばさん：チェックアウトしたいの？

マーク：ガールフレンドが来週北京に来るので、外で一緒に住むつもりです。

張おばさん：わかった。保証金を返します。

②

坂　本：私の部屋に新しいルームメートが来ました。

ジョン：そうですか。

坂　本：そうなんです。昨日外から帰ってくると、机の上にたくさんのものが置いてありました。壁にも今まで見たことのないコートがかかっていました。

③

坂　本：何分か経つと、その人が帰ってきました。彼は見たところ疲れていました。

ジョン：その人はいつ来たのですか？

坂　本：昨日来たばかりです。

語 彙

①门 mén：ドア　　着 zhe：（→文法①）

退房 tuìfáng：チェックアウト（→語彙ワンポイント②）　　办 bàn：する

手续 shǒuxù：手続き　　外面 wàimiàn：外　　一块儿 yíkuàir：一緒に

押金 yājīn：保証金　　还〔還〕huán：返す

②同屋 tóngwū：ルームメート　　外边 wàibian：外　　桌子 zhuōzi：テーブル

放 fàng：置く　　东西 dōngxi：物　　墙 qiáng：壁　　挂 guà：掛ける

从来 cónglái：今まで　　外套 wàitào：コート

③过 guò：経つ　　累 lèi：疲れている

刚 gāng：～したばかりだ（→語彙ワンポイント④）

🖉◆語彙ワンポイント

①"有人吗?"

中に誰かいるか尋ねる表現です。トイレなどで、誰か使っているかどうかを確認する際にも使えます。なお、特定の人物がいるかどうか聞くには"〜在吗?"と言います。「坂本君はいますか」ならば"坂本在吗?"です。

②"退房"

"房"は部屋や家のことですから、"退房"とはその部屋を引き払うことを指します。ホテルをチェックアウトするときには、フロントで"退房"と言いましょう。本文では、寮の部屋を引き払う意味で使っています。

③"是吗?——是的。"

「そうですか?」「そうです」にあたる表現です。

④"刚才"と"刚"

B188

他刚才在这儿。	Tā gāngcái zài zhèr.	彼はさっきここにいた。
我刚才在外面看到了约翰。	Wǒ gāngcái zài wàimiàn kàndàole Yuēhàn.	私はさっき外でジョンにあった。
我刚吃完了。	Wǒ gāng chīwánle.	私は食べ終わったばかりだ。
他刚刚来。	Tā gānggāng lái.	彼は来たばかりだ。

"刚才"と"刚"は意味が似ています。"刚才"は「さっき、先ほど」、"刚"は「〜したばかり」に相当します。"刚刚"も「したばかり」を表しますが、"刚"よりも強調された感じがします。"他刚刚来。"だと、今しがた来たばかり、というニュアンスになります。

⑤"**很多东西**"

形容詞などが連体修飾語になって名詞を修飾する場合は一般に"**的**"が必要でした。「おいしい中華料理」ならば"**好吃的中国菜**"、「よい音楽」なら"**很好的音乐**"になります。これと同じ理屈なら、"**很多的东西**"になりそうなものですが、この場合には"**的**"は通常使用しません。ただし、「たくさんの〜」と言う場合には、"**很**"をのぞけない点に注意してください。"**很多〜**"と覚えましょう。

⑥"**从来没看过**"

「今まで見たことがない」という意味で、セットでよく使われます。そのまま覚えましょう。

📖 文法

①アスペクト助詞の"着"

门开着。　　Mén kāizhe.　　ドアが開いている。

本文では、このように動詞に"**着**"がついた例が出てきました。これはどのように使うものなのか、学習していきましょう。

🎧 動作の進行を表すタイプ
B189

她唱着歌。　　Tā chàngzhe gē.　　彼女は歌を歌っている。

昨天我打电话的时候，他正看着电视呢。
　　　　　Zuótiān wǒ dǎ diànhuà de shíhou, tā zhèng kànzhe diànshì ne.
　　　　　昨日私が電話をかけた時、彼はテレビを見ていた。

他们说着话呢。　　Tāmen shuōzhe huà ne.　　彼らは話をしている。

一つ目の "着" は動詞について、その動作が進行中であることを表しています。ある時点での進行を表すので、2番目の例文のように、過去の進行も表します。また、2番目、3番目の例文のように、"正" や "呢" を伴うこともあります。

すでに進行を表すには、"在" を学習しましたが（→第13課）、いったい何が違うのでしょうか。この動作の進行を表すタイプの "着" は、"在" を使った場合の進行形とよく似ています。すなわち、

她在唱歌。	Tā zài chàng gē.	彼女は歌っている。
他们在说话呢。	Tāmen zài shuōhuà ne.	彼らは話をしている。

このような例では、動詞の後に "着" をつけても、前に "在" をつけても、意味的には大差ありません。さらに、このように "在" に言い換えられるパターンは、話し言葉では通常 "在" を多く使います。"着" が使われるのは主に小説の描写などです。

そして、以下のパターンでは "在" とは明確に使い方が異なります。

🎧 動作結果の持続を表すタイプ
B190

门开着。	Mén kāizhe.	ドアが開いている。
那个穿着毛衣的人是我的同屋。	Nà ge chuānzhe máoyī de rén shì wǒ de tóngwū. あのセーターを着た人は私のルームメートだ。	（毛衣：セーター）
他拿着苹果。	Tā názhe píngguǒ.	彼はリンゴを手に持っている。（苹果：リンゴ）

"着" がつくと動詞によっては、その動作の結果が持続していることを表します。例えば、"开着" は、今まさに開きにくいドアを開けようとしているところではありません。その場合には "在开" と言います。"开着" は、「開くという動作をした結果、開いた状態が続いている」ことを表します。つまり "门开着。"

は「ドアが開いている」の意味になります。"在开门"なら、「ドアを開けているところだ」になります（よほど開きにくいドアなのでしょう）。

"穿"は「着る」ですが、"穿着"は「着る」という動作をしている最中ではなく、着た結果が持続していること、つまり「着ている」を表します。"在穿"ならば着替えの最中です。"穿着毛衣的人"ならば、「セーターを着ている人」になります。

②存現文
B191

桌子上放着很多东西。
> Zhuōzi shang fàngzhe hěn duō dōngxi.
> 机の上にたくさんのものが置いてありました。

墙上也挂着从来没看过的外套。
> Qiáng shang yě guàzhe cónglái méi kànguo de wàitào.
> 壁にも今まで見たことのないコートがかかっていました。

本文では、この2例が出てきましたが、このような構文を存現文と呼びます。この形を説明していきましょう。

場所	動詞	存在・出現する物・人
我家里	来了	很多客人。
前面	来了	一辆车。
对面	过来了	一个人。

我家里来了很多客人。
Wǒ jiā li láile hěn duō kèrén.
私の家にたくさんの客が来た。

前面来了一辆车。
Qiánmiàn láile yí liàng chē.
前から1台の車が来た。

对面过来了一个人。
Duìmiàn guòlaile yí ge rén.
向かい側から1人の人が近づいてきた。

（对面：向かい側）

どこかに何かが存在する、あるいは何かが出現することを表す時、［場所＋動

詞＋物・人］の語順で表します。「私の家にたくさんの客が来た」なら、日本語の感覚で言えば主語は「たくさんの客が」なのですから、**"很多客人来了"** と主語が先に来そうなのですが、そうはいいません。

　なぜこの語順になるかというと、まずは背景として場所が認知され、その場所に存在する、あるいは出現する物が認知されるからで、**この構文の表現の主な焦点は後ろに来る存在・出現する物や人になります。**

　"我家里来了很多客人。" では、「私の家」という場所に、「たくさんの客」が表れたことが言われています。**"前面来了一辆车。"** ならば、前方にやってくる車が出現したことを表します。**"对面过来了一个人。"** も、向かい側から1人の人が近づいてきたことを言います。まず場所が認知され、そこに人が来たことを言うのです。

　なお、この構文では存在・出現する物は必ず**不特定のものでなければなりません。**つまり、新しく認知されるものの存在・出現を言うための構文なのです。したがって

　× 我家里来了他。

は成立しません。「彼」と人称代名詞を使っているということは、誰だか特定されているからです。

　なお、実はすでに存現文の形は、**"有"** を使った構文として学習済みです（→ 第7課）。

場所	動詞	存在物（不特定）	
图书馆里	有	很多书。	Túshūguǎn li yǒu hěn duō shū.

　このようにしてみますと、同じ構文であることがわかると思います。

🎧 存現文に使われる"着"
B192

黒板上写着很多汉字。Hēibǎn shang xiězhe hěn duō Hànzì.
黒板にたくさんの漢字が書かれている。

桌子上放着很多东西。Zhuōzi shang fàngzhe hěn duō dōngxi.
机の上にたくさんのものが置かれていた。

墙上也挂着从来没看过的外套。
Qiáng shang yě guàzhe cónglái méi kànguo de wàitào.
壁にも一度も見たことがない外套がかかっていた。

"着"は動詞について、その動作の結果が存続することを表すのでした。動作の結果がどこかに残っているということで、"着"は存現文と相性がよく、しばしば用いられます。

本文では"桌子上放着很多东西。"と"墙上也挂着从来没看过的外套。"の2例が出てきました。前者の"放"は「置く、入れる」の意味なので、"放着"は「置かれている」の意味になります。後者の"挂"は「かける」という動作を表すので、"挂着"は「(かけた結果が存続 →)かかっている」という意味になります。

なお、場所を表す際には前置詞の"在"を使うと学習しましたが、存現文では通常使用しません。

🎧 ③場所を表す言い方
B193

他在中国。　　Tā zài Zhōngguó.　　　　彼は中国にいる。

我买的可乐在冰箱里。Wǒ mǎi de kělè zài bīngxiāng li.
私の買ったコーラは冷蔵庫の中にある。

× 我买的可乐在冰箱。

桌子上放着很多东西。Zhuōzi shang fàngzhe hěn duō dōngxi.
机の上にたくさんのものが置いてある。

213

公园前来了很多人。	Gōngyuán qián láile hěn duō rén. 公園の前にたくさんの人が来た。	（公园：公園）
图书馆里有很多书。	Túshūguǎn li yǒu hěn duō shū. 図書館にたくさんの本がある。	
他在外边。	Tā zài wàibian.　彼は外にいる。	

　"有"を使った構文では、"有"の前、"在"を使った構文ではその後に場所を表す言葉が来るのでした。また、存現文でも場所を表す言葉が最初に来ます。

　このように、場所を表す言葉が入るところには、当然のことながら場所を表す名詞が入らなくてはなりません。"他在中国。"の"中国"のように、地名や国名などは本来的に場所を表す言葉ですので、そのまま"在"の後や"有"の前に置くことができます。では、次の例文を見てください。"我买的可乐在冰箱里。"と、"冰箱"に"里"がついています。"冰箱"だけでは場所を表す言葉になれないのです。本来的に場所を表さない言葉をこのような構文に使う場合には、"里""上""下""前""后"などの言葉を後ろにつける必要があります。これらがつくことによって、場所を表す言葉になることができるのです。

　"桌子"もそれだけでは場所になることができないので、場所を表す言葉にする場合には必ず"上"などが必要になります。なお、次に出てくる"公园""图书馆"や"家"などは、それだけで場所を表しているとも考えられるため、省略されることもあります。どういう言葉が省略可能かは、一つずつ覚えるしかありませんが、一般にはつけると考えていいでしょう。

　なお、「〜の中」ではなく、「中」と単独で言う場合には"里边"と二音節化します。同様に、「外」を表す場合にも名詞の後ろにつかない場合には"外边"と二音節化します。"边"の代わりに"面"をつけて"外面""里面"と言うこともありますが、同じ意味です。

　同様に、単独で言うときには"上面""上边""下边""下面""旁边 pángbian（脇、

となり）"のように言います。

④"是〜的"構文
B194

| 他是什么时候来的? | Tā shì shénme shíhou lái de? | 彼はいつ来たのですか。 |
| 他是昨天刚刚来的。 | Tā shì zuótiān gānggāng lái de. | 彼は昨日来たばかりです。 |

本文で出てきたこの2例は、"是〜的"と呼ばれています。

"是〜的"構文とは、すでに行われたことに対して、説明を加える時に使う構文です。例えば本文では、新しいルームメートがやってきたことがすでに明らかになっています。この「ルームメートがやってきたこと」に対して、「いつやって来たのか」「昨日やってきたのだ」と補足的説明を加えています。情報の焦点は"是"の後に来る要素です。もう少し例文を見ながらこの構文に慣れましょう。

A：你是怎么来的?　Nǐ shì zěnme lái de?
あなたはどうやって来たのですか？

B：我是坐电车来的。　Wǒ shì zuò diànchē lái de.
私は電車で来たのです。

A：你是在哪儿学的?　Nǐ shì zài nǎr xué de?
あなたはどこで勉強したのですか？

B：我是在北京学的。　Wǒ shì zài Běijīng xué de.
私は北京で勉強したのです。

まず一つ目の会話です。どこかでAさんとBさんが出会ったとします。そこまで二人は何らかの方法でやって来たことは明らかです。「（その場所まで）来たこと」は両者ともすでに知っている情報（旧情報）になります。その上で、「どうやって」の部分に焦点を当てて質問するために、"是〜的"を使っています。

これに対してBは「電車で来たのです」と答えています。「電車で」の部分を強調する言い方です。

　もう一つ見てみましょう。Aさんは"你是在哪儿学的?（あなたはどこで勉強したのですか？）"と聞いています。例えば、Bさんが中国語ペラペラなのを目にして、この質問をしていると考えましょう。日本人なのに中国語ペラペラなのは、どこかで勉強したからだと、Aさんは理解しています。それを前提とした上で、「どこで」を聞いているのです。Bさんは「北京で」と答えています。

　このように、この構文では主に"是"の後に「いつ、どこで、どのようにして」など、すでに行われた了解済みの動作の補足説明が来ます。この「いつ、どこで、どのようにして」が特に言いたい部分です。

🎧 目的語がつく場合
B195

　先ほどの例文、"你是在哪儿学的?"には目的語がありませんでした。もし「あなたはどこで中国語を勉強したのですか？」と、中国語を付け加えた場合、どうなるでしょうか。

你在哪儿学汉语?	Nǐ zài nǎr xué Hànyǔ? あなたはどこで中国語を勉強しますか？
你是在哪儿学的汉语?	Nǐ shì zài nǎr xué de Hànyǔ? あなたはどこで中国語を勉強したのですか？
我是在北京学的汉语。	Wǒ shì zài Běijīng xué de Hànyǔ. 私は北京で中国語を勉強したのです。

　どういうわけか、目的語は"的"の後に来ることが多くあります。なぜこのような形になるのか、まだ十分な説明はされていません。かなり例外的な形なので、そのまま覚えるしかありません。実際のところ、**この構文を使うのは「中**

国語をどこかで勉強したこと」が前提とされている時に使うので、目的語部分まで言わずに省略されることのほうが多いため、初級者のうちはここまで使えなくてもいいかもしれませんが、意味は取れるようにしておきましょう。

....

補充単語　　**戴眼镜** dài yǎnjìng：眼鏡をする　　**衬衫** chènshān：シャツ

窗户 chuānghu：窓　　**帽子** màozi：帽子

辆 liàng：車を数える量詞　　**车** chē：車　　**门口** ménkǒu：入り口

🎧 **練習問題①**

C088

日本語を聞いて、**"着"** を使った中国語で言ってみましょう。

① 　　② 　　③ 　　④ 　　⑤ 　　⑥ 　　⑦ 　　⑧

🎧 **練習問題②**

C089

指定される語句を空欄にあてはめて文を作りましょう。

A	動詞	B

例：図書館／有る／たくさんの本　→　**图书馆里有很多书。**

① 　　② 　　③ 　　④ 　　⑤ 　　⑥

🎧 **練習問題③**

C090

質問に指定される語句を使って **"是～的"** 構文を用いて答えましょう。

① 　　② 　　③

コ ラ ム

⑩ 日本語との比較

"是〜的"構文は日本語に翻訳すると「〜のだ」「〜んだ」と「のだ」の形になります。日本語の「のだ」とはどんな意味があるのでしょうか。「のだ」は、すでに明らかになっていることに対して、説明を加える働きをしているのです。一例を見てみましょう。

彼は中国語がペラペラである。北京で勉強したのだ。

ここの「北京で勉強したのだ」は、一つ前の文に対する補足的な説明となっています。「今日何時に来たんですか（来たのですか）？」という質問も、「何時に来た？」に比べると、説明を求める気持ちが強く出ています。かなり早い時間に来たと思われる状況などがあって、その先行する状況に対して説明を加えるのが「のだ」なのです。"是〜的"構文も、すでに行われたことに対して説明を加えるために使う構文なので、日本語にすると「のだ」になります（日本語の「のだ」の方が使い方は広いですが）。

第21課　離合詞と使役

❶
B196

坂本：
Tā Hànyǔ shuōde hěn liúlì.
他 汉语 说得 很 流利。

约翰：
Tā shì zài nǎr xué de?
他 是 在 哪儿 学 的?

坂本：
Shì zài Hánguó xué de.
是 在 韩国 学 的。

约翰：
Wǒmen yě yào nǔlì xuéxí.
我们 也 要 努力 学习。

❷
B197

坂本：
Wǒ bǎ wǒ de diànnǎo nònghuài le. Néng bāng wǒ de máng ma?
我 把 我 的 电脑 弄坏 了。能 帮 我 的 忙 吗?

约翰：
Ràng wǒ kànkan. Quèshí huài le.
让 我 看看。确实 坏 了。

坂本：
Yí shàngwǎng, diànnǎo jiù sǐjī.
一 上 网，电脑 就 死机。

约翰：
Yóujú pángbiān yǒu yì jiā xiūlǐdiàn, ràng tāmen xiūlǐ xiuli ba.
邮局 旁 边 有 一 家 修理店，让 他们 修理 修理 吧。

❸
B198

约翰：
Rúguǒ nǐ xiǎng mǎi xīn de, jiù qù Zhōngguāncūn kànkan ba.
如果 你 想 买 新 的，就 去 中 关 村 看看 吧。

坂本：
Zhè tái diànnǎo suīrán hěn jiù, dànshì wǒ fēicháng xǐhuan. Suǒyǐ hái
这 台 电脑 虽然 很 旧，但是 我 非 常 喜欢。所以 还

xiǎng yòng tā.
想 用 它。

①

坂　本：彼は中国語が流暢でした。

ジョン：彼はどこで勉強したのですか？

坂　本：韓国です。

ジョン：私たちも頑張って勉強しなければ。

②

坂　本：私のパソコンを壊してしまいました。私を助けてくれますか？

ジョン：ちょっと見せてください。確かに壊れています。

坂　本：ネットを始めたら、パソコンがフリーズしました。

ジョン：郵便局のとなりに修理屋があるので、彼らに修理してもらいましょう。

③

ジョン：もし新しいのを買いたければ、中関村に行ってみなさい。

坂　本：このパソコンは古いとはいえ、私は非常に気に入っています。だからまだ使いたいです。

語彙

①**流利** liúlì：流暢だ　　**努力** nǔlì：努力して、頑張って　→語彙ワンポイント①

②**电脑**〔電脳〕diànnǎo：パソコン、コンピュータ

弄坏〔弄壊〕nònghuài：壊す　→語彙ワンポイント②

帮忙 bāngmáng：助ける、手伝う　→文法①

让〔讓〕ràng：〜させる　→文法②　　**确实** quèshí：確かに

坏 huài：壊れる　　**一〜就** yī〜jiù：〜するとすぐに　→文法④

上网 shàngwǎng：インターネットに接続する

死机 sǐjī：（パソコンが）フリーズする　　**邮局** yóujú：郵便局

旁边 pángbiān：となり　　**修理店** xiūlǐdiàn：修理店　　**修理** xiūlǐ：修理する

③**如果** rúguǒ：もし　　**就** jiù：→文法③　　**电脑** diànnǎo：パソコン

虽然 suīrán：〜だけれども　→文法④

所以 suǒyǐ：だから　→文法④　　**用** yòng：使う

··

①"努力"

　文字通り「努力する」の意味ですが、日本語では「頑張る」に近い意味で使うことが多くあります。また、本文のように動詞を修飾する言葉としてもよく使われます。

🎧 **②"坏了"と"弄坏了"**
B199

　"坏"は通常"了"をつけて"坏了"で、「壊れている、壊れた」を表します。一方で、「する」という意味の動詞"弄"をつけ、"弄坏了"とすると、「壊した」の意味になります。"弄"は「もてあそぶ」と訓読みがある通り、どちらかというとネガティヴな意味の複合表現を作ります。

错 cuò（間違い）	弄错 nòngcuò（間違える）
湿 shī（濡れている）	弄湿 nòngshī（濡らす）

　"错"だけだと、「間違っている」を表わしますが、"弄错"とすると、「間違える」の意味になります。同様に、"湿"だと「濡れている」ですが、"弄湿"だと「濡らす」になります。

📖 **文法**

··

🎧 **①離合詞**
B200

能帮我（的）忙吗?　　Néng bāng wǒ (de) máng ma?
　　　　　　　　　　私を助けてくれますか?

　"帮忙"は「手伝う、助ける」を意味する動詞です。とすれば、「私を助ける」

ならば、"帮忙我" になりそうですが、そうはなりません。"帮忙" は一見する
と一つの動詞なのですが、細かく見ると、"帮" が動詞、"忙" が目的語になっ
ていて、これ自体で「忙しさを助ける」という意味になってしまうのです。だ
から、「私を手伝う、助ける」なら、"帮我（的）忙"（直訳すると「私の忙しさ
を助ける」。"的" はなくてもよい）と言わなければなりません。これで「私を
助ける」の意味になります。このように、一見すると一つの動詞でありながら、
実際には動詞プラス目的語になっているものを離合詞と呼びます。というのも、
場合によっては二つの漢字が離れてしまうからです。例を見てみましょう。

我跟她结婚了。	Wǒ gēn tā jiéhūn le.	私は彼女と結婚した。
我结过一次婚。	Wǒ jiéguo yí cì hūn.	私は一度結婚したことがある。
我从大学毕业了。	Wǒ cóng dàxué bìyè le.	私は大学を卒業した。
我毕了业，就去美国工作。	Wǒ bìle yè, jiù qù Měiguó gōngzuò.	
	私は卒業したら、アメリカに行って働く。	
他生我的气。	Tā shēng wǒ de qì.	彼女は私に怒っている。
我们见过面。	Wǒmen jiànguo miàn.	私たちは会ったことがある。

"结婚" は「結婚する」ですが、細かく見ると「婚を結ぶ」であり、「婚」が
目的語になっています。このため、さらに目的語を加えて "我结婚她了" と言
うことはできません。この場合、前置詞 "跟" を使って、"我跟她结婚了" と言
わなければなりません。「一度結婚したことがある」なら、経験を表す "过" を
動詞につけるのでした（→第12課）。動詞部分は "结" なので、「結婚したこと
がある」"结过婚" と言います。「一度結婚したことがある」なら、さらに "一次"
を付け加えれば完成です。
　次の "毕业〔畢業〕"（卒業する）も、「業を畢える」という構造なので、"我
毕业大学" とはなりません。"我从大学毕业" となります。そのまま覚えましょう。

「卒業したら、」と文を続ける場合には、動詞の後に"了"をつけるのでした（→第10課）。なので、"我毕了业"となります。

"他生我的气。"は先ほどの"帮我的忙"に構造が似ています。"生气"は「怒る」という意味の離合詞で、「私に怒る」は"生我的气"と言います。最後の"见面"は「会う」の意味の離合詞で、「会ったことがある」は"见过面"となります。

🎧 ②使役表現　"让"

B201

让我看看。　　Ràng wǒ kànkan.　　　　　　　　私にちょっと見させて。

约翰让坂本学习。　Yuēhàn ràng Bǎnběn xuéxí. ジョンが坂本に学習させる。

老师让我们买他写的书。　Lǎoshī ràng wǒmen mǎi tā xiě de shū.
先生は私たちに彼が書いた本を買わせる。

考试的时候，不让学生出去。 Kǎoshì de shíhou, bú ràng xuésheng chūqu.
試験の時には、学生に外出させない。

「〜に〜させる」という使役の表現の語順は、［主語＋使役動詞（"让"など）＋人／物＋述語］で、英語と同じ語順になります。「〜に〜させない」というときには、使役動詞に"不"をつけます。"不让学生出去。"ならば、「学生に外出させない」です。

（参考）
　3番目の例文"老师让我们买他写的书。"は直訳すると「先生は私たちに彼が書いた本を買わせる」ですが、日本語ならおそらく同じシチュエーションで「先生が書いた本を買わされた」と受身表現を使うでしょう。第20課で受け身を学習しましたが、中国語は受身表現を日本語に比べてあまり使いません。かわりに"让"など、使役表現を使うことが多くあります。

🎧 ③仮定の表現 "如果～就"
B202

如果你想买新的，就去中关村看看吧。

        Rúguǒ nǐ xiǎng mǎi xīn de, jiù qù Zhōngguāncūn kànkan ba.

        もし新しいのを買いたければ、中関村に行ってみなさい。

如果你想去中国的话，就要学习汉语。

        Rúguǒ nǐ xiǎng qù Zhōngguó de huà, jiù yào xuéxí Hànyǔ.

        もし中国に行きたいのならば、中国語を勉強しなければならない。

要买那本书的话，就去神保町吧。

        Yào mǎi nà běn shū de huà, jiù qù Shénbǎodīng ba.

        その本を買いたければ、神保町に行きなさい。

仮定の表現はすでに "就" を使用すると学習しました（→第 17 課）。"如果～就" というように、"如果" をつけることもあります。"如果" は「もし」の意味なので、「もし本当にそういうことならば」という語感が出ます。単純に「～なら」と言いたければ、"就" だけを使います。また、"如果～的话" というように、"的话" を付け加えることもよくあります。3 番目の例文のように、"如果" を使わず、"的话" だけで仮定を表す表現もよく使います。

🎧 ④呼応表現
B203

这台电脑虽然很旧，但是我非常喜欢。

    Zhè tái diànnǎo suīrán hěn jiù, dànshì wǒ fēicháng xǐhuan.

    このパソコンは古いとはいえ、私は非常に気に入っています。

因为老师每次让我们做作业，所以我们的汉语水平提高了。

    Yīnwèi lǎoshī měi cì ràng wǒmen zuò zuòyè,

    suǒyǐ wǒmen de Hànyǔ shuǐpíng tígāo le.

    先生が毎回私たちに宿題をさせるので、私たちの中国語レベルは高まった。

              （水平：レベル　　提高：上がる、上げる）

一上网，电脑就死机。

    Yí shàngwǎng, diànnǎo jiù sǐjī.

    ネットを始めたら、パソコンがフリーズしました。

"虽〔雖〕"は、漢文では「いえども」と訓読する字です。"虽然"はしばしば"但是"と呼応して「〜だけれども、〜だ」という表現を作ります。このように、現代中国語では呼応表現を取るものが多くあります。次の"因为"は「〜なので」、"所以"は「だから」を表し、呼応して用いられます。ただ、両者とも使うのは改まった表現で、通常の口語の場合にはどちらか一方、もしくは両方が省略されることも珍しくありません。中級以降では、場面と照らし合わせて、いつ、どのように使うのかを見極めていきましょう。

　"一〜就…"は、「〜するとすぐに…する」を表します。後半に主語が必要な場合には、"就"の前に置きます。

📖 練習問題

補充単語 孩子 háizi：子供   玩儿 wánr：遊ぶ

🎧 練習問題①

C091

質問に指定された語句を使って答えましょう。

①   ②   ③

🎧 練習問題②

C092

指定される語句を使って、使役の文を完成させましょう。

①   ②   ③   ④

🎧 練習問題③

C093

指定される語句と"如果～就"を使って、仮定の表現を作りましょう。

①   ②   ③

第19課〜第21課　総合練習問題

補充単語　为了 wèile：〜のために　　门口 ménkǒu：入り口

客人 kèrén：客

練習問題①
C094

日本語を聞いて "被" を使った中国語で言ってみましょう。

①　　②　　③　　④　　⑤

練習問題②
C095

日本語を聞いて "让" を使った中国語で言ってみましょう。

①　　②　　③　　④　　⑤　　⑥　　⑦　　⑧

練習問題③
C096

日本語を聞いて "把" 構文を使った中国語で言ってみましょう。

①　　②　　③　　④　　⑤　　⑥　　⑦

練習問題④
C097

日本語を聞いて可能補語を使った中国語で言ってみましょう。

①　　②　　③　　④　　⑤　　⑥　　⑦　　⑧

練習問題⑤
C098

指定された語句を使って存現文を作りましょう。

例　机の上／置いてある／たくさんの本　→　桌子上放着很多书。

①　　②　　③　　④　　⑤

⑪「漢文」と「現代中国語」

　中学や高校で学習する「漢文」とは、古典中国語のことです。文法的な規範としては、おおよそ 2000 年以上前に定まり、少しずつ姿を変えつつも、20 世紀まで書き言葉として踏襲されてきました。しかし、言語は変化するものですから、口語と書き言葉の差は年を追うごとに広がっていきます。そこで、口語を反映した形での書き言葉も生まれました。これを「白話」と言います。日本でもよく読まれている『三国志演義』や『水滸伝』はこの白話で書かれているため、いわゆる漢文の知識では読むことができません。むしろ、現代中国語の知識のほうが有用になります。およそ 100 年前、1919 年に起こった五四運動を契機に、書き言葉でもほぼ全面的に白話が使用されるようになりました。

　ところで、日本語の漢字音には音読みと訓読みがあります。このうち音読みは中国語の発音を模倣したものです。とはいっても、はるか古代の発音を模倣したものですから、現代の発音とはずいぶん変わってしまっています。しかしながら、日本語の音読みで発音が同じものは、現代中国語でも同じになることが多いです。中国語は基礎の段階で音声をきっちり覚えられるようにしておけば、あとは飛躍的にできるようになります。引き続き、学習を進めていきましょう。

解答編

第2課

```
┌─────────┐       ┌─────────┐
│    A    │   是   │    B    │
└─────────┘       └─────────┘
```

🎧 練習問題①　シャドーイング
C001

流れてくる中国語を繰り返しましょう。

Wǒ shì Rìběnrén.
①我 是 日本人。

Tāmen shì Zhōngguórén.　　Tāmen shì Zhōngguórén.
②他们 是 中国人。／她们 是 中国人。

Nǐmen shì Hánguórén ma?
③你们 是 韩国人 吗?

🎧 練習問題②
C002

日本語の単語を二つ言います。それらをすばやく中国語にし、空欄 A、空欄 B

にいれて発音してください。さらに、それを否定文にしてください。

Wǒ shì Rìběnrén.　　　　　　　　Wǒ bú shì Rìběnrén.
① (私／日本人) 我 是 日本人。　　　我 不 是 日本人。

Nǐ shì Zhōngguórén.　　　　　　　Nǐ bú shì Zhōngguórén.
② (あなた／中国人) 你 是 中国人。　　你 不 是 中国人。

Tāmen shì Fǎguórén.　　　Tāmen bú shì Fǎguórén.
③ (彼女たち／フランス人) 她们 是 法国人。　　她们 不 是 法国人。

Tāmen shì Déguórén.　　　Tāmen bú shì Déguórén.
④ (彼ら／ドイツ人) 他们 是 德国人。　　他们 不 是 德国人。

🎧 練習問題③
C003

流れてくる中国語を疑問文に変えて発音しましょう。

Tā shì Měiguórén ma?
① (他是美国人。Tā shì Měiguórén.) 他 是 美国人 吗?

Nǐmen shì Fǎguórén ma?
② (你们是法国人。Nǐmen shì Fǎguórén.) 你们 是 法国人 吗?

Nǐmen shì Zhōngguórén ma?
③ (你们是中国人。Nǐmen shì Zhōngguórén.) 你们 是 中国人 吗?

練習問題④

C004

流れてくる中国語の質問に中国語で答えましょう。

① (您贵姓? Nín guì xìng?) 我 姓 [苗字]。
                           Wǒ xìng

② (你叫什么名字? Nǐ jiào shénme míngzi?) 我 叫 [フルネーム]。
                                     Wǒ jiào

③ (你是哪国人? Nǐ shì nǎ guó rén?) 我 是 [自分の国籍]。
                                Wǒ shì

第3課

| 主語 | 動詞 | 目的語 |

練習問題① シャドーイング

C005

流れてくる中国語を繰り返しましょう。

Wǒmen xuéxí Hànyǔ.
①我们 学习 汉语。

Rìběnrén yě xuéxí Yīngyǔ.
②日本人 也 学习 英语。

Tā yě qù túshūguǎn.
③他 也 去 图书馆。

Nǐ kàn diànshì ma?
④你 看 电视 吗?

練習問題②

C006

日本語の単語を三つ言います。それを中国語にし、上の空欄にあてはめて文を完成させましょう。

Tā kàn shū.
① (彼/読む/本) 他 看 书。

Wǒmen yě qù túshūguǎn.
② (私たちも/行く/図書館) 我 们 也 去 图书馆。

Zhōngguórén xuéxí Rìyǔ.
③ (中国人/勉強する/日本語) 中 国 人 学习 日语。

練習問題③

C007

練習問題②と同じく、単語を三つ言いますが、今度は否定文にしてください。

①（アメリカ人／話す／日本語）美国人 不 说 日语。
Měiguórén bù shuō Rìyǔ.

②（彼らも／行く／図書館）他们 也 不 去 图书馆。
Tāmen yě bú qù túshūguǎn.

③（私／見る／テレビ）我 不 看 电视。
Wǒ bú kàn diànshì.

④（彼女らも／勉強する／英語）她们 也 不 学习 英语。
Tāmen yě bù xuéxí Yīngyǔ.

練習問題④

C008

友達に質問してみましょう。

①（何を勉強するか聞く）你 学习 什么？
Nǐ xuéxí shénme?

②（どこに行くか聞く）你 去 哪儿？
Nǐ qù nǎr ?

第4課

| 主語 | | 程度副詞（"很"など） | | 形容詞 |

練習問題①　シャドーイング

C009

流れてくる中国語を繰り返しましょう。

①日本人 很 多。
Rìběnrén hěn duō.

②中 国 人 非 常 少。
Zhōngguórén fēicháng shǎo.

③美国人 也 多 吗？
Měiguórén yě duō ma ?

④日本菜 都 不 好吃。
Rìběncài dōu bù hǎochī.

練習問題②

C010

日本語の単語を言います。それを中国語にし、文を作りましょう。

①（留学生／とても／多い）留学生 非常 多。
Liúxuéshēng fēicháng duō.

②（日本人／少ない）日本人 很 少。
Rìběnrén hěn shǎo.

234

🎧 練習問題③

C011

流れてくる中国語に"今天"を加えて全文を発音しましょう。

① (你看什么? Nǐ kàn shénme?)
Nǐ jīntiān kàn shénme?
你 今天 看 什么？

② (我看电视。Wǒ kàn diànshì.)
Wǒ jīntiān kàn diànshì.
我 今天 看 电视。

③ (你们都去哪儿? Nǐmen dōu qù nǎr?)
Nǐmen jīntiān dōu qù nǎr?
你们 今天 都 去 哪儿？

④ (我们都去图书馆。Wǒmen dōu qù túshūguǎn.)
Wǒmen jīntiān dōu qù túshūguǎn.
我们 今天 都 去 图书馆。

すべて"今天"が文頭でも可。

🎧 練習問題④

C012

中国語の質問に対して、その後に指定される語句を使って答えましょう。

① (日本热不热? Rìběn rè bu rè? ／暑くない)
Rìběn　bú rè.
(日本) 不 热。

② (法国菜好吃不好吃? Fǎguócài hǎochī bù hǎochī? ／みんなとてもまずい)
Fǎguócài　dōu bù hǎochī.
(法国菜) 都 不 好吃。

第1課～第4課　総合練習問題

🎧 練習問題①

C013

流れてくる中国語に対して、実際に使われている場面を想像しながら、適切
に返答してみましょう。

① (对不起。Duìbuqǐ.)
Méi guānxi.
没 关系。

② (再见。Zàijiàn.)
Zàijiàn.
再见。

③ (谢谢。Xièxie.)
Bú xiè.　　Bú kèqi.
不 谢。／不 客气。

④ (你叫什么名字? Nǐ jiào shénme míngzi?)
Wǒ jiào
我 叫……。

⑤ (你是哪国人? Nǐ shì nǎguórén?)
Wǒ shì Rìběnrén.
我 是 日本人。

⑥ (你是学生吗？ Nǐ shì xuésheng ma?) 对。/是，我是学生。/不是。
Duì. Shì, wǒ shì xuésheng. Bú shì.

⑦ (你是中国人吗？ Nǐ shì Zhōngguórén ma?) 不 是。
Bú shì.

⑧ (你说英语吗？ Nǐ shuō Yīngyǔ ma?) 说 。/不说。
Shuō. Bùshuō.

⑨ (我去图书馆，你也去吗？ Wǒ qù túshūguǎn, nǐ yě qù ma?) 去。/不 去。
Qù. Bú qù.

⑩ (日本人学习英语吗？ Rìběnrén xuéxí Yīngyǔ ma?) 学习。/不 学习。
Xuéxí. Bù xuéxí.

⑪ (中国人说日语吗？ Zhōngguórén shuō Rìyǔ ma?) （中 国 人） 不 说。
Zhōngguórén bù shuō.

⑫ (你今天学习汉语吗？ Nǐ jīntiān xuéxí Hànyǔ ma?)
（今天）学习。/ （今天）不 学习。
Jīntiān xuéxí. Jīntiān bù xuéxí.

⑬ (中国菜好吃吗？ Zhōngguócài hǎochī ma?)
（中 国 菜）好吃。/ （中 国 菜）不 好吃。
Zhōngguócài hǎochī. Zhōngguócài bù hǎochī.

③ "不谢"、"不客气" はいずれも「どういたしまして」の意味になります。

⑥ "是" が使われている疑問文での答えは、肯定する場合には "对"、または "是" を使います。"对" は「相手の言っていることが正しい」の意味なので、目上にはやや失礼に当たることがあります。"是" のほうが丁寧です。肯定の場合、"是，我是学生。" のように、肯定文をもう一度言うことが少なくありません。否定の場合には "不是" です。

⑧動詞の疑問文には、その動詞を繰り返して返答します。"你说英语吗？" なら、"说" か "不说" で答えます。長く答えるならば、"我说英语" です。

⑫解答で "今天学习" と "今天" を加えた場合、「今日は勉強する（ほかの日はしらないけれども）」のニュアンスが出ます。

🎧 練習問題②
C014

日本語を聞いて、中国語で言ってみましょう。

① (朝、友達に会いました。あいさつしましょう)

Nǐ zǎo!
你 早!

② (少し遅刻してしまいました。軽くあやまりましょう)
Bù hǎoyìsi.
不 好意思。

③ (何人かわからない人がいます。友達に、彼らがどこの国の人なのか聞いてみましょう)
Tāmen shì nǎ guó rén?
他们 是 哪 国 人?

④ (彼女はフランス人か聞いてみましょう)
Tā shì Fǎguórén ma?
她 是 法国人 吗?

⑤ (友達に名前を聞いてみましょう)
Nǐ jiào shénme míngzi?
你 叫 什么 名字?

⑥ (彼女がどこに行くのか聞いてみましょう)
Tā qù nǎr?
她 去 哪儿?

⑦ (友達に何を勉強しているのか聞いてみましょう)
Nǐ xuéxí shénme?
你 学习 什么?

⑧ (中国人はみんな日本語を勉強するのか聞いてみましょう)
Zhōngguórén dōu xuéxí Rìyǔ ma?
中 国 人 都 学习 日语 吗?

⑨ (今日学校に行くか聞いてみましょう)
Jīntiān nǐ qù xuéxiào ma?
今天 你 去 学校 吗?

⑩ (今日は暑いか聞いてみましょう)
Jīntiān rè ma? Jīntiān rè bu rè?
今天 热 吗?/今天 热 不 热?

第5課

🎧 練習問題① シャドーイング
C015

流れてくる中国語を繰り返しましょう。
Nǐ xǐhuan zuò shénme?
①你 喜欢 做 什么?
Wǒ xǐhuan zuò cài.
②我 喜欢 做 菜。

Wǒ xǐhuan tīng yīnyuè.
③我 喜欢 听 音乐。

🎧 練習問題②

中国語の質問に対して、その後に指定される語句を使って答えましょう。

Zhè shì   zhūròu de jiǎozi.
① (这是什么? Zhè shì shénme? ／豚肉の餃子) (这 是) 猪肉 的 饺子。

Nà shì   Zhōngguó de diànyǐng.
② (那是什么? Nà shì shénme? ／中国の映画) (那 是) 中 国 的 电影。

Wǒ xǐhuan hē   chá.
③ (你喜欢喝什么? Nǐ xǐhuan hē shénme? ／お茶) (我 喜欢 喝) 茶。

Wǒ xǐhuan chī   Zhōngguócài.
④ (你喜欢吃什么? Nǐ xǐhuan chī shénme? ／中華料理) (我 喜欢 吃) 中 国 菜。

Wǒ chī   zhège.
⑤ (你吃什么? Nǐ chī shénme? ／これ) (我 吃) 这个。

C017
🎧 練習問題③

日本語を聞いて、中国語で質問してみましょう。

① (これとあれ、どっちが好きか聞いてみましょう)
Nǐ xǐhuan zhège, háishi nàge ?
你 喜欢 这个，还是 那个？

② (一緒に映画を見に行こうと誘いましょう)
Yìqǐ   qù kàn diànyǐng ba.
一起 去 看 电 影 吧。

③ (中国語で何と言うかわからないものがあります。「これ」と指したうえで、その名
前を尋ねましょう)
Zhège jiào shénme?
这个 叫 什么？

④ (どんな音楽を聴くか聞いてみましょう)
Nǐ xǐhuan tīng shénmeyàng de yīnyuè?
你 喜欢 听 什么样 的 音乐？

⑤ (どんな料理を作るか聞いてみましょう)
Nǐ zuò shénmeyàng de cài ?
你 做 什么样 的 菜？

第6課

🎧 練習問題①

読み上げられる数字を中国語で言いましょう。③では、量詞をつけて答えましょう。

① (3, 7, 9, 2, 1, 5, 8, 4) sān, qī, jiǔ, èr, yī, wǔ, bā, sì

② (10, 33, 54, 26, 89, 71, 98, 47)

shí, sānshísān, wǔshísì, èrshíliù, bāshíjiǔ, qīshíyī, jiǔshíbā, sìshíqī

③ (5人の人) 五个人〔wǔ ge rén〕 (6本の鉛筆) 六支铅笔〔liù zhī qiānbǐ〕 (20個の餃子) 二十个饺子〔èrshí ge jiǎozi〕

🎧 練習問題②

質問に中国語で答えましょう。(回答例)

① (今天几月几号星期几? Jīntiān jǐ yuè jǐ hào xīngqī jǐ?)
Jīntiān jiǔ yuè èrshíwǔ hào xīngqītiān.
今天 九 月 二十五 号 星期天。

② (你的生日是几月几号? Nǐ de shēngrì shì jǐ yuè jǐ hào?)
Wǒ de shēngrì shì bā yuè shíwǔ hào.
我 的 生日 是 八 月 十五 号。

③ (你今年多大? Nǐ jīnnián duōdà?) 我 今年 二十 岁。〔Wǒ jīnnián èrshí suì.〕

「AはBです」を表すときには、基本的には"是"を使用しますが、"今天几月几号?"のような決まりきった表現のときのみ、"是"を省略できます。"你的生日是"のときは普通省略しません。

🎧 練習問題③

質問に指定された語句を使って答えましょう。

(質問:一瓶可乐贵不贵? Yì píng kělè guì bu guì?)

① (かなり高い) 非常 贵。〔Fēicháng guì.〕

② （ちょっと高い） <ruby>有点儿<rt>Yǒudiǎnr</rt></ruby> <ruby>贵<rt>guì</rt></ruby>。

③ （安い） <ruby>很<rt>Hěn</rt></ruby> <ruby>便宜<rt>piányi</rt></ruby>。

④ （とても安い） <ruby>非常<rt>Fēicháng</rt></ruby> <ruby>便宜<rt>piányi</rt></ruby>。

🎧 **練習問題④**
C021

日本語を聞いて「〜したい」と言ってみましょう。

① （水を飲む） <ruby>我 要 喝 水<rt>Wǒ yào hē shuǐ</rt></ruby>。／<ruby>我 想 喝 水<rt>Wǒ xiǎng hē shuǐ</rt></ruby>。

② （本を読む） <ruby>我 要 看 书<rt>Wǒ yào kàn shū</rt></ruby>。／<ruby>我 想 看 书<rt>Wǒ xiǎng kàn shū</rt></ruby>。

③ （音楽を聴く） <ruby>我 要 听 音乐<rt>Wǒ yào tīng yīnyuè</rt></ruby>。／<ruby>我 想 听 音乐<rt>Wǒ xiǎng tīng yīnyuè</rt></ruby>。

🎧 **練習問題⑤**
C022

日本語を聞いて、中国語で質問してみましょう。

① （これはいくらか聞いてみましょう） <ruby>这个 多少 钱<rt>Zhèige duōshao qián</rt></ruby>？

② （今日は何月何日か聞いてみましょう） <ruby>今天 几 月 几 号<rt>Jīntiān jǐ yuè jǐ hào</rt></ruby>？

③ （何個餃子を食べるか聞いてみましょう） <ruby>你 吃 几 个 饺子<rt>Nǐ chī jǐ ge jiǎozi</rt></ruby>？

"这个" は zhèige とも発音するのでした。ここでの解答はそちらで読んでい

ます。

第 7 課
●●●

🎧 **練習問題①**
C023

中国語の質問に、あなたの状況に即して答えましょう。（回答例）

① （你有中文的书吗? Nǐ yǒu Zhōngwén de shū ma?） <ruby>有<rt>Yǒu</rt></ruby>。／<ruby>没有<rt>Méiyǒu</rt></ruby>。

② （你家有几口人? Nǐ jiā yǒu jǐ kǒu rén?） <ruby>我 家 有 四 口 人<rt>Wǒ jiā yǒu sì kǒu rén</rt></ruby>。

③ （你有兄弟姐妹吗? Nǐ yǒu xiōngdìjiěmèi ma?） <ruby>我 有 一 个 妹妹<rt>Wǒ yǒu yí ge mèimei</rt></ruby>。

🎧 練習問題②

C024

指定される日本語を中国語にして発音しましょう。

① (お茶を飲んでいる人) hē chá de rén
喝 茶 的 人

② (お茶を飲んでいる人は誰ですか？) Hē chá de rén shì shéi?
喝 茶 的 人 是 谁？

③ (テレビを見ている人) kàn diànshì de rén
看 电视 的 人

④ (テレビを見ている人は私の父です) Kàn diànshì de shì wǒ bàba.
看 电视 的 是 我 爸爸。

🎧 練習問題③

C025

質問に指定された語句を使って答えましょう。

① (这是谁写的书? Zhè shì shéi xiě de shū? ／私) Zhè shì wǒ xiě de shū.
这 是 我 写 的 书。

② (你每天看小说吗? Nǐ měitiān kàn xiǎoshuō ma? ／いいえ。時間がない)
Měitiān bú kàn. Méi yǒu shíjiān.
(每天) 不 看。 没 有 时间。

🎧 練習問題④

C026

指定される語句を空欄にあてはめて "有" を使った文を完成させましょう。

A (場所)	有	B (存在物)

① (ここ／たくさんの人) Zhèr yǒu hěn duō rén.
这儿 有 很 多 人。

② (あそこ／18人の日本人) Nàr yǒu shíbā ge Rìběnrén.
那儿 有 十八 个 日本人。

③ (机の上／3つのリンゴ) Zhuōzi shang yǒu sān ge píngguǒ.
桌子 上 有 三 个 苹果。

第8課

🎧 練習問題①

C027

中国語の質問に、あなたの状況に即して答えましょう。(回答例)

① (你每天睡几个小时? Nǐ měitiān shuì jǐ ge xiǎoshí?)
    Wǒ měitiān shuì   qī ge xiǎoshí.
  （我 每天 睡）七 个 小时。

② (那, 电视, 看几个小时? Nà, diànshì, kàn jǐ ge xiǎoshí?)
    Chàbuduō sān ge xiǎoshí.
  差不多 三 个 小时。

③ (每天几点起来, 几点睡? Měitiān jǐ diǎn qǐlái, jǐ diǎn shuì?)
    Wǒ měitiān qī diǎn bàn qǐlái, shíyī diǎn shuì.
  （我 每天）七 点 半 起来, 十一 点 睡。

④ (那, 星期天你几点起床? Nà, xīngqītiān nǐ jǐ diǎn qǐchuáng?)
    Xīngqītiān jiǔ diǎn qǐchuáng.
  星期天 九 点 起床。

⑤ (日本人一般学习几年英语? Rìběnrén yìbān xuéxí jǐ nián Yīngyǔ?)
    Yìbān xuéxí shí nián Yīngyǔ .
  一般 学习 十 年 （英语）。

🎧 練習問題②
C028

日本語を聞いて、中国語で言ってみましょう。

① （レストランであなたたちはすでにいくつかの料理を注文しました。友達に、さらに
                           Nǐ hái chī shénme?
  何を食べるか聞いてみましょう）你 还 吃 什么?

② （誰のものかわからないものが目の前にあります。これが誰のか、聞いてみましょう）
  Zhè shì shéi de ?
  这 是 谁 的?

③ （友達が自慢をしています。すごいね、と反応しましょう）厉害!
                                     Lìhai !

④ （"现在几点几分" と聞かれました。5時5分と答えましょう）现在 五 点 五 分。
                                Xiànzài wǔ diǎn wǔ fēn.

第 5 課〜第 8 課　総合練習問題

🎧 練習問題①
C029

指定される語句を空欄にあてはめて文を完成させましょう。

（修飾語＋）A	（"都／也／还"など）是	（修飾語＋）B

Wǒ bàba shì Zhōngguórén.
① （私の父／中国人）我 爸爸 是 中国 人。

Shéi shì nǐ māma?
② （誰／あなたのお母さん）谁 是 你 妈妈？

Zhè shì shénme?
③ （これ／何）这 是 什么？

Zhè dōu shì zhūròu de jiǎozi.
④ （これ／みな／豚肉の餃子）这 都 是 猪肉 的 饺子。

Wǒ xǐhuan de yīnyuè shì zhège.
⑤ （私の好きな音楽／これ）我 喜欢 的 音乐 是 这个。

Zhè shì tā xǐhuan de yīnyuè.
⑥ （これ／彼女が好きな音楽）这 是 她 喜欢 的 音乐。

Nà yě shì tā zuò de cài.
⑦ （あれ／も／彼が作った料理）那 也 是 他 做 的 菜。

Nǎ ge shì nǐ zuò de cài?
⑧ （どれ／あなたが作った料理）哪 个 是 你 做 的 菜？

Nǎ ge shì nǐ mǎi de shū?
⑨ （どれ／あなたが買った本）哪 个 是 你 买 的 书？

練習問題②

C030

指定される語句を空欄にあてはめて文を完成させましょう。

（修飾語＋）A	"很"など	B

Wǒ māma zuò de cài dōu bù hǎochī.
① （私の母が作った料理／どれも／まずい）我 妈妈 做 的 菜 都 不 好吃。

Wǒ zuò de cài fēicháng hǎochī.
② （私が作った料理／とても／おいしい）我 做 的 菜 非常 好吃。

Rìběn de chá bǐjiào guì.
③ （日本のお茶／わりと／高い）日本 的 茶 比较 贵。

Wǒ xiǎng mǎi de shū bǐjiào piányi.
④ （私が買いたい本／わりと／安い）我 想 买 的 书 比较 便宜。

Piányi de píjiǔ yě hǎohē.
⑤ （安いビール／も／おいしい）便宜 的 啤酒 也 好喝。

Zhège tài guì le.
⑥ （これ／高すぎる）这个 太 贵 了。

Nàge fēicháng dà.
⑦ （あれ／とても／大きい）那个 非常 大。

Zhèr tài rè le.
⑧ （ここ／暑すぎる）这儿 太 热 了。

243

指定される語句を空欄にあてはめて文を完成させましょう。

（時間）	A	（副詞）	動詞	B

Wǒ kàn shū.
① （私／読む／本） 我 看 书。

Tā tīng yīnyuè.
② （彼／聞く／音楽） 他 听 音乐。

Tāmen hē shuǐ.
③ （彼ら／飲む／水） 他们 喝 水。

Wǒ chīfàn.
④ （私／食べる／ご飯） 我 吃饭。

Lǎoshī bù xǐhuan zhège.
⑤ （先生／好きではない／これ） 老师 不 喜欢 这个。

Wǒmen kàn sān běn shū.
⑥ （私たち／読む／3冊の本） 我们 看 三 本 书。

Tāmen jīntiān kàn wǔ běn shū.
⑦ （彼ら／今日／5冊の本／読む） 他们 今天 看 五 本 书。

Xīngqītiān Rìběnrén bù xuéxí.
⑧ （日曜日／日本人／勉強しない） 星期天 日本人 不 学习。

Xīngqīyī dàxuéshēng qù túshūguǎn.
⑨ （月曜日／大学生／行く／図書館） 星期一 大学生 去 图书馆。

Wǒ hěn xǐhuan kàn shū.
⑩ （私／とても好き／本を読む） 我 很 喜欢 看 书。

Lǎoshī xiě de shū wǒ bú kàn.
⑪ （先生が書いた本／私／読まない） 老师 写 的 书 我 不 看。

Wǒ měitiān chī Zhōngguórén zuò de cài.
⑫ （私／毎日／食べる／中国人が作る料理） 我 每天 吃 中国人 做 的 菜。

⑬ （あなた／今日／食べる／私が作ったまずい料理）
Nǐ jīntiān chī wǒ zuò de bù hǎochī de cài.
你 今天 吃 我 做 的 不 好吃 的 菜。

Wǒ wǎnshang bù hē kělè.
⑭ （私／夜／飲まない／コーラ） 我 晚上 不 喝 可乐。

Píjiǔ jīntiān bù hē.
⑮ （ビールは／今日は／飲まない） 啤酒 今天 不 喝。

Wǒ bù mǎi hěn guì de shū.
⑯ （私／買わない／高い本） 我 不 买 很 贵 的 书。

Túshūguǎn li yǒu hěn duō shū.
⑰ （図書館の中／ある／たくさんの本） 图书馆 里 有 很 多 书。

Wǒ yǒu hěn duō péngyou.
⑱ （私／いる／たくさんの友達） 我 有 很 多 朋友。

Chàbuduō měitiān lái xuéxiào.
⑲ （だいたい毎日／来る／学校） 差不多 每天 来 学校。

Xiànzài qù chīfàn.
⑳ （今／行く／ご飯を食べに） 现在 去 吃饭。

⑫⑬「作る料理」と「作った料理」は中国語では同じ言い方になります。

🎧 練習問題④

C032

日本語を聞いて、中国語で言ってみましょう。

① (時計を忘れてきました。今何時か聞いてみましょう) 現在 几 点？
　　　　　　　　　　　　　　　　　　　　Xiànzài jǐ diǎn?

② (毎日何時に寝るか聞いてみましょう) 你 每天 几 点 睡？
　　　　　　　　　　　　　　　　Nǐ měitiān jǐ diǎn shuì?

③ (毎日何時間中国語を勉強するか聞いてみましょう)
　Nǐ měitiān xuéxí jǐ ge xiǎoshí Hànyǔ?
　你 每天 学习 几 个 小时 汉语？

④ (緑茶を飲むのが好きか、ジャスミンティーが好きか聞いてみましょう)
　Nǐ xǐhuan hē lǜchá háishi xǐhuan hē huāchá?
　你 喜欢 喝 绿茶 还是 喜欢 喝 花茶？

⑤ (今、中国語を勉強しているのか、音楽を聴いているのか聞いてみましょう)
　Xiànzài nǐ xuéxí Hànyǔ háishi tīng yīnyuè?
　现在 你 学习 汉语 还是 听 音乐？

⑥ (毎日何時に起きるのか聞いてみましょう) 你 每天 几 点 起来？
　　　　　　　　　　　　　　　　　　　　Nǐ měitiān jǐ diǎn qǐlái?

⑦ (レストランでビールを飲むか聞かれました。ビールは飲まないと伝えましょう)
　Wǒ bù hē píjiǔ.
　我 不 喝 啤酒。

⑧ (兄弟がいるか聞いてみましょう) 你 有 兄弟姐妹 吗？
　　　　　　　　　　　　　　　　Nǐ yǒu xiōngdìjiěmèi ma?

⑨ (2人弟がいると答えましょう) 我 有 两 个 弟弟。
　　　　　　　　　　　　　　Wǒ yǒu liǎng ge dìdi.

⑩ (本を買いに行きたいと伝えましょう) 我 想 去 买书。
　　　　　　　　　　　　　　　　　Wǒ xiǎng qù mǎi shū.

第9課

🎧 練習問題①

C033

質問に指定された語句を使って答えましょう。

① (从上海到北京要多长时间? Cóng Shànghǎi dào Běijīng yào duōcháng shíjiān? ／
　Zuò huǒchē yào sì ge xiǎoshí.
　列車で4時間) 坐 火车 要 四 个 小时。

② （从你家到学校要多长时间? Cóng nǐ jiā dào xuéxiào yào duōcháng shíjiān? ／
地下鉄で 50 分） 坐 地铁 五十 分 钟。 Zuò dìtiě wǔshí fēnzhōng.

③ （美国离这儿远不远? Měiguó lí zhèr yuǎn bu yuǎn? ／とても遠い） 很 远。 Hěn yuǎn.

④ （从你家到大学骑自行车大概要多长时间? Cóng nǐ jiā dào dàxué qí zìxíngchē dàgài
yào duōcháng shíjiān? ／だいたい 30 分） 大概 要 三十 分 钟。 Dàgài yào sānshí fēnzhōng.

"离" も「～から」を表します。"离这儿远不远? "のように 「～からどの程
度距離が離れているか」を表す場合には "离" を使います。また、"从" を使う
場合には、"从～（～から）" の後に動詞を使います。

🎧 練習問題②

C034

質問に指定された語句を使って答えましょう。

① （你去北京做什么? Nǐ qù Běijīng zuò shénme? ／北京に行って中国語を勉強する）
去 北京 学 汉语。 Qù Běijīng xué Hànyǔ.

② （去图书馆怎么走? Qù túshūguǎn zěnme zǒu? ／バスに乗っていく） 坐 公交车 去。 Zuò Gōngjiāochē qù.

③ （这支笔在哪儿买? Zhè zhī bǐ zài nǎr mǎi? ／書店に行って買う） 去 书店 买。 Qù shūdiàn mǎi.

🎧 練習問題③

C035

日本語を聞いて、中国語で言ってみましょう。

① （新宿はここから遠いか聞いてください） 新宿 离 这儿 远 不 远? Xīnsù lí zhèr yuǎn bu yuǎn?

② （あなたは友達の家に行こうとしています。その友達に、家までどう行ったらいいの
か聞いてみましょう）（到）你家 怎么 走? Dào nǐ jiā zěnme zǒu?

③ （いつから中国語を勉強するか聞いてください） 你 从 什么 时候 开始 学 汉语? Nǐ cóng shénme shíhou kāishǐ xué Hànyǔ?

④ （来週の月曜日から勉強すると答えましょう） 从 下 星期一 开始 学 汉语。 Cóng xià xīngqīyī kāishǐ xué Hànyǔ.

⑤ （駅にどういったらいいのか聞いてみましょう）（到）车站 怎么 走? Dào chēzhàn zěnme zǒu?

246

③④ "开始" は「〜しはじめる」の意味で、"从〜开始…" で「〜から…し始める」を表します。このまま覚えましょう。

練習問題④

C036

質問に指定された語句を使って答えましょう。

① （你在哪儿工作？ Nǐ zài nǎr gōngzuò？／レストラン）**（我）在 餐厅（工作）。**
　　　　　　　　　　　　　　　　　　　　Wǒ zài cāntīng gōngzuò.

② （你在哪儿学习？ Nǐ zài nǎr xuéxí？／家の中）**（我）在 家 里（学习）。**
　　　　　　　　　　　　　　　　　　　Wǒ zài jiā li xuéxí.

③ （你在图书馆做什么？ Nǐ zài túshūguǎn zuò shénme？／音楽を聴く）
　　（我 在 图书馆）听 音乐。
　　　Wǒ zài túshūguǎn tīng yīnyuè.

④ （你现在做什么？ Nǐ xiànzài zuò shénme？／会社で食事）**（我）在 公司 吃饭。**
　　　　　　　　　　　　　　　　　　　　　　　Wǒ zài gōngsī chīfàn.

このように、"你" で聞かれている場合、主語は "我" に決まっているため、省略されるのが普通です。

第10課

練習問題①

C037

日本語を聞いて「私は〜した」と言ってみましょう。

① （3時間テレビを見た）**我 看了 三 个 小时 电视。**
　　　　　　　　　　　Wǒ kànle sān ge xiǎoshí diànshì.

② （たくさんの中華を食べた）**我 吃了 很 多 中国菜。**
　　　　　　　　　　　　Wǒ chīle hěn duō Zhōngguócài.

③ （5本の水を買った）**我 买了 五 瓶 水。**
　　　　　　　　　Wǒ mǎile wǔ píng shuǐ.

④ （アメリカ音楽を聞いた）**我 听了 美国 音乐。**
　　　　　　　　　　　Wǒ tīngle Měiguó yīnyuè.

練習問題②

C038

日本語を聞いて「私はまだ〜していない」と言ってみましょう。

① （アイスを買う）**我 还 没 买 冰淇淋。**
　　　　　　　Wǒ hái méi mǎi bīngqílín.

247

② (今日熱いコーヒーを買う) 今天 我 还 没 买 热 咖啡。

Jīntiān wǒ hái méi mǎi rè kāfēi.

③ (今年故宮に行く) 今年 我 还 没 去 故宫。

Jīnnián wǒ hái méi qù Gùgōng.

🎧 練習問題③

C039

質問に指定された語句を使って答えましょう。

① (汉语，你今天已经学习了吗? Hànyǔ, nǐ jīntiān yǐjīng xuéxí le ma? ／
もうした、まだしていない) 已经 学习 了。／还 没 学习。

Yǐjīng xuéxí le. Hái méi xuéxí.

② (你买了什么? Nǐ mǎile shénme? ／たくさんの本) 我 买了 很多 书。

Wǒ mǎile hěnduō shū.

③ (你看了什么? Nǐ kànle shénme? ／アメリカのテレビドラマ)
我 看了 美国 的 电视剧。

Wǒ kànle Měiguó de diànshìjù.

④ (你吃了几个饺子? Nǐ chīle jǐ ge jiǎozi? ／8個) 我 吃了 八 个 饺子。

Wǒ chīle bā ge jiǎozi.

🎧 練習問題④

C040

質問に指定された語句を使って答えましょう。

(質問：你明天打算做什么? Nǐ míngtiān dǎsuan zuò shénme?)

① (映画を見に行く) 我 打算 去 看 电影。

Wǒ dǎsuan qù kàn diànyǐng.

② (新しいテレビを買いに行く) 我 打算 去 买 新 的 电视机。

Wǒ dǎsuan qù mǎi xīn de diànshìjī.

③ (テニスをする) 我 打算 打 网球。

Wǒ dǎsuan dǎ wǎngqiú.

④ (3 時に野球をしに行く) 我 打算 三 点 去 打 棒球。

Wǒ dǎsuan sān diǎn qù dǎ bàngqiú.

🎧 練習問題⑤

C041

指定される語句を使って "给" を用いた文を作りましょう。

① (私に／300 個の餃子をくれる) 给 我 三百 个 饺子。

Gěi wǒ sānbǎi ge jiǎozi.

② (私は彼女に／ご飯を作る) 我 给 她 做饭。

Wǒ gěi tā zuòfàn.

③ (昨日彼女に／ご飯を作った) 昨天 给 她 做饭 了。

Zuótiān gěi tā zuòfàn le.

248

④ （明日彼女に／ご飯を作る） Míngtiān gěi tā zuòfàn. 明 天 给 她 做饭。

⑤ （外国人に／漢字を書く） Gěi wàiguórén xiě Hànzì. 给 外国人 写 汉字。

⑥ （私に／ちょっと見せて） Gěi wǒ kàn yíxià. 给 我 看 一下。

④中国語は未来のことであっても、確定していることであれば、"打算" など
を使用しなくてもそのまま表現することができます。

🎧 練習問題⑥

C042

読み上げられる数字を中国語で言いましょう。

① （326） 三百 二十六 sānbǎi èrshíliù　② （809） 八百 零 九 bābǎi líng jiǔ

③ （101） 一百 零 一 yìbǎi líng yī　④ （210） 二百 一 èrbǎi yī

⑤ （601） 六百 零 一 liùbǎi líng yī　⑥ （1100） 一千 一百 yìqiān yìbǎi

⑦ （1550） 一千 五百 五 yìqiān wǔbǎi wǔ

⑧ （1050） 一千 零 五十 yìqiān líng wǔshí

第 11 課

🎧 練習問題①

C043

指定される語句を空欄にあてはめて文を完成させましょう。

A	副詞	B

① （頭／わりと／痛い） Tóu bǐjiào téng. 头 比较 疼。
② （腹／とても／痛い） Dùzi fēicháng téng. 肚子 非常 疼。
③ （歯／少し／痛い） Yá yǒudiǎnr téng. 牙 有点儿 疼。
④ （足／わりと／大きい） Jiǎo bǐjiào dà. 脚 比较 大。
⑤ （耳／とても／小さい） Ěrduo fēicháng xiǎo. 耳朵 非常 小。

　　　　　　　　　　　　　Bízi bǐjiào dà.
⑥（鼻／わりと／大きい）鼻子 比较 大。
　　　　　　　　　　　　Yǎnjing fēicháng yǎng.
⑦（目／とても／痒い）眼睛 非常 痒。

🎧 **練習問題②**

C044

流れてくる中国語の文に"好像"を加えて全文を発音しましょう。
　　　Wǒ hǎoxiàng gǎnmào le.　　　Wǒ hǎoxiàng fāshāo le.
①我（好 像）感冒 了。②我（好 像）发烧 了。
　　　Tā hǎoxiàng shì Zhōngguórén.　　Zhège hǎoxiàng hěn guì.
③他（好 像）是 中 国 人。④这个（好 像）很 贵。

"好像"はそれぞれ主語の前に出ても可（例：好像我感冒了。）。

🎧 **練習問題③**

C045

日本語を聞いて、中国語で言ってみましょう。
　　　　　　　　　　　　　　Gěi wǒ kànkan.
①（ちょっと私に見せてと言う）给 我 看看。
　　　　　　　　　　　　　　　　Zhège yīnyuè, tīng yì tīng.
②（この音楽、ちょっと聴いてみてと言う）这个 音乐，听 一 听。

🎧 **練習問題④**

C046

指定される語句を使って文を完成させましょう。
　　　　　　　　　Wǒ kàn zhè běn shū.
①（私／読む／この本）我 看 这 本 书。
　　　　　　　　　Nà ge rén bù lái.
②（あの人／来ない）那个 人 不 来。
　　　　　　　　　　　　　　　　　　　　　　　Wǒ hē zhè píng shuǐ.
③（私／飲む／この水（ペットボトルに入っています））我 喝 这 瓶 水。

第12課
· ·

🎧 **練習問題①**

C047

"你知道～吗"に指定される語句をあてはめ、全文を言ってみましょう。

① (今日彼が来る) <ruby>你<rt>Nǐ</rt></ruby> <ruby>知道<rt>zhīdào</rt></ruby> <ruby>他<rt>tā</rt></ruby> <ruby>今天<rt>jīntiān</rt></ruby> <ruby>来<rt>lái</rt></ruby> <ruby>吗<rt>ma</rt></ruby>？

② (彼らが日本にいる) <ruby>你<rt>Nǐ</rt></ruby> <ruby>知道<rt>zhīdào</rt></ruby> <ruby>他们<rt>tāmen</rt></ruby> <ruby>在<rt>zài</rt></ruby> <ruby>日本<rt>Rìběn</rt></ruby> <ruby>吗<rt>ma</rt></ruby>？

🎧 練習問題②

C048

指定される語句を"我觉得"に続けて言ってみましょう。

① (これはいい) <ruby>我<rt>Wǒ</rt></ruby> <ruby>觉得<rt>juéde</rt></ruby> <ruby>这个<rt>zhège</rt></ruby> <ruby>很<rt>hěn</rt></ruby> <ruby>好<rt>hǎo</rt></ruby>。

② (この小説がとても面白い) <ruby>我<rt>Wǒ</rt></ruby> <ruby>觉得<rt>juéde</rt></ruby> <ruby>这<rt>zhè</rt></ruby> <ruby>篇<rt>piān</rt></ruby> <ruby>小说<rt>xiǎoshuō</rt></ruby> <ruby>有<rt>yǒu</rt></ruby> <ruby>意思<rt>yìsi</rt></ruby>。

③ (多すぎる) <ruby>我<rt>Wǒ</rt></ruby> <ruby>觉得<rt>juéde</rt></ruby> <ruby>太<rt>tài</rt></ruby> <ruby>多<rt>duō</rt></ruby> <ruby>了<rt>le</rt></ruby>。

🎧 練習問題③

C049

質問に指定された語句を使って答えましょう。

① (你看过中国的电视剧吗? Nǐ kànguo Zhōngguó de diànshìjù ma? ／見たことがない)
<ruby>(我)<rt>Wǒ</rt></ruby> <ruby>(中 国 的 电视剧)<rt>Zhōngguó de diànshìjù</rt></ruby> <ruby>没<rt>méi</rt></ruby> <ruby>看过<rt>kànguo</rt></ruby>。

② (你去过北京吗? Nǐ qùguo Běijīng ma? ／5回行った) (北京) <ruby>去过<rt>Běijīng qùguo wǔ cì</rt></ruby> <ruby>五<rt></rt></ruby> <ruby>次<rt></rt></ruby>。

③ (你去过中国的医院吗? Nǐ qùguo Zhōngguó de yīyuàn ma? ／まだ行ったことがない)
<ruby>(中 国 的 医院)<rt>Zhōngguó de yīyuàn</rt></ruby> <ruby>还<rt>hái</rt></ruby> <ruby>没<rt>méi</rt></ruby> <ruby>去过<rt>qùguo</rt></ruby>。

①では、質問で"中国的电视剧"がすでに話題とされています。このため、意味的には目的語ですが、答えるときには動詞よりも先に言うことが多いです (目的語の位置に置くこともありますが)。また、わかりきっていることなので省略することも少なくありません。主語"我"も言わないことのほうが多いです。"中国的电视剧我没看过"とも言うことができます。以下、②、③ともに同様です。

第9課〜第12課　総合練習問題

🎧 練習問題①
C050

指定される語句を空欄にあてはめて文を作りましょう。

| 主語 | | 動詞（＋目的語） | | 動詞（＋目的語） |

① （彼／行く／食べに）
Tā qù chīfàn.
他 去 吃饭。

② （日本人／中国に行って／中国語を勉強する）
Rìběnrén qù Zhōngguó xuéxí Hànyǔ.
日本人 去 中 国 学习 汉语。

③ （私／飛行機で／アメリカに行く）
Wǒ zuò fēijī qù Měiguó.
我 坐 飞机 去 美国。

④ （彼／バスで／学校に来る）
Tā zuò gōngjiāochē lái xuéxiào.
他 坐 公交车 来 学校。

🎧 練習問題②
C051

指定される語句を空欄にあてはめて文を作りましょう。なお、主語は省略することがあります。

| 主語 | | 介詞句 | | 動詞（＋目的語） |

① （私／図書館で／勉強する）
Wǒ zài túshūguǎn xuéxí .
我 在 图书馆 学习。

② （彼／家の中で／本を読む）
Tā zài jiā li kàn shū.
他 在 家 里 看 书。

③ （彼らも／8時から／仕事する）
Tāmen yě cóng bā diǎn kāishǐ gōngzuò.
他们 也 从 八 点 （开始） 工作。

④ （私たちはみな／9時から12時まで／お茶を飲む）
Wǒmen dōu cóng jiǔ diǎn dào shí'èr diǎn hē chá.
我们 都 从 九 点 到 十二 点 喝 茶。

⑤ （東京から／北京まで／何時間かかる）
Cóng Dōngjīng dào Běijīng yào jǐ ge xiǎoshí?
从 东京 到 北京 要 几 个 小时？

⑥ （私／学校から／地下鉄に乗る）
Wǒ cóng xuéxiào zuò dìtiě .
我 从 学校 坐 地铁。

⑦ （彼／私に見せる／彼が書いた本）
Tā gěi wǒ kàn tā xiě de shū.
他 给 我 看 他 写 的 书。

⑧ （私に／見せて）
Gěi wǒ kànkan.
给 我 看看。

⑨ （今日から始まって／小説を書く）
Cóng jīntiān kāishǐ xiě xiǎoshuō.
从 今天 开始 写 小 说。

252

⑩（私は／先生と／学校に行く） <ruby>我<rt>Wǒ</rt></ruby> <ruby>和<rt>hé</rt></ruby> <ruby>老师<rt>lǎoshī</rt></ruby> <ruby>去<rt>qù</rt></ruby> <ruby>学校<rt>xuéxiào</rt></ruby>。

🎧 練習問題③
C052

指定される語句を空欄にあてはめて文を作りましょう。ただし、省略される

ものもあります。

主語	時点	動詞	量＋（目的語）

① （私／夜11時／寝る） <ruby>我<rt>Wǒ</rt></ruby> <ruby>晚上<rt>wǎnshang</rt></ruby> <ruby>十一<rt>shíyì</rt></ruby> <ruby>点<rt>diǎn</rt></ruby> <ruby>睡<rt>shuì</rt></ruby>。

② （あなた／昨日の夜／寝た／どのくらい） <ruby>你<rt>Nǐ</rt></ruby> <ruby>昨天<rt>zuótiān</rt></ruby> <ruby>晚上<rt>wǎnshang</rt></ruby> <ruby>睡了<rt>shuìle</rt></ruby> <ruby>多<rt>duō</rt></ruby> <ruby>长<rt>cháng</rt></ruby> <ruby>时间<rt>shíjiān</rt></ruby>？

③ （私／昨日の夜／寝た／5時間） <ruby>我<rt>Wǒ</rt></ruby> <ruby>昨天<rt>zuótiān</rt></ruby> <ruby>晚上<rt>wǎnshang</rt></ruby> <ruby>睡了<rt>shuìle</rt></ruby> <ruby>五<rt>wǔ</rt></ruby> <ruby>个<rt>ge</rt></ruby> <ruby>小时<rt>xiǎoshí</rt></ruby>。

④ （水曜日／食べた／10個の餃子） <ruby>星期三<rt>Xīngqīsān</rt></ruby> <ruby>吃了<rt>chīle</rt></ruby> <ruby>十<rt>shí</rt></ruby> <ruby>个<rt>ge</rt></ruby> <ruby>饺子<rt>jiǎozi</rt></ruby>。

⑤ （毎日／勉強／5時間） <ruby>每天<rt>Měitiān</rt></ruby> <ruby>学习<rt>xuéxí</rt></ruby> <ruby>五<rt>wǔ</rt></ruby> <ruby>个<rt>ge</rt></ruby> <ruby>小时<rt>xiǎoshí</rt></ruby>。

⑥ （金曜日／私／買った／2冊の本） <ruby>星期五<rt>Xīngqīwǔ</rt></ruby> <ruby>我<rt>wǒ</rt></ruby> <ruby>买了<rt>mǎile</rt></ruby> <ruby>两<rt>liǎng</rt></ruby> <ruby>本<rt>běn</rt></ruby> <ruby>书<rt>shū</rt></ruby>。

⑦ （昨日／飲んだ／3本のコーラ） <ruby>昨天<rt>Zuótiān</rt></ruby> <ruby>喝了<rt>hēle</rt></ruby> <ruby>三<rt>sān</rt></ruby> <ruby>瓶<rt>píng</rt></ruby> <ruby>可乐<rt>kělè</rt></ruby>。

⑧ （今週の土曜日／中国で売った／50冊の本）
<ruby>这个<rt>Zhège</rt></ruby> <ruby>星期六<rt>xīngqīliù</rt></ruby> <ruby>在<rt>zài</rt></ruby> <ruby>中国<rt>Zhōngguó</rt></ruby> <ruby>卖了<rt>màile</rt></ruby> <ruby>五十<rt>wǔshí</rt></ruby> <ruby>本<rt>běn</rt></ruby> <ruby>书<rt>shū</rt></ruby>。

🎧 練習問題④
C053

質問に指定された語句を使って答えましょう。ただし、主語などを省略せず

に答えましょう。

① （你家离美国远不远？ Nǐ jiā lí Měiguó yuǎn bu yuǎn? ／とても遠い）
<ruby>我<rt>Wǒ</rt></ruby> <ruby>家<rt>jiā</rt></ruby> <ruby>很<rt>hěn</rt></ruby> <ruby>远<rt>yuǎn</rt></ruby>。

② （那中国呢？ Nà Zhōngguó ne? ／あまり遠くない）
<ruby>中国<rt>Zhōngguó</rt></ruby> <ruby>不太<rt>bú tài</rt></ruby> <ruby>远<rt>yuǎn</rt></ruby>。

③（下星期天你打算做什么? Xià xīngqītiān nǐ dǎsuan zuò shénme? ／映画を見に行く）
　Xià xīngqītiān wǒ dǎsuan qù kàn diànyǐng.
　下 星期天 我 打算 去 看 电 影。

④（飞机票已经买了吗? Fēijī piào yǐjīng mǎile ma? ／まだ買っていない）
　Fēijī piào hái méi mǎi.
　飞机 票 还 没 买。

⑤（英语，你学了多长时间? Yīngyǔ, nǐ xuéle duōcháng shíjiān? ／もう 6 年）
　Yīngyǔ wǒ yǐjīng xuéle liù nián.
　（英语）我 已经 学了 六 年。

⑥（他今天不来吗? Tā jīntiān bù lái ma? ／彼は来るつもりだが、まだ来ていない）
　Tā xiǎng lái, dànshì hái méi lái.
　他 想 来，但是 还 没 来。

⑦（你觉得那个电视剧有意思吗? Nǐ juéde nàge diànshìjù yǒu yìsi ma? ／つまらない）
　Wǒ juéde nàge diànshìjù méi yǒu yìsi.
　我 觉得 那个 电视剧 没 有 意思。

⑧（你感冒了吗? Nǐ gǎnmào le ma? ／風邪をひいた）
　Wǒ gǎnmào le.
　我 感冒 了。

⑨（汉语难不难? Hànyǔ nán bu nán? ／発音が簡単ではない）
　Hànyǔ fāyīn bù róngyì.
　（汉语）发音 不 容易。

⑩（你喜欢吃牛肉的饺子吗? Nǐ xǐhuan chī niúròu de jiǎozi ma? ／わりと好き）
　Wǒ bǐjiào xǐhuan chī niúròu de jiǎozi.
　我 比较 喜欢 吃 牛肉 的 饺子。

⑪（你家在哪儿? Nǐ jiā zài nǎr? ／東京）
　Wǒ jiā zài Dōngjīng.
　我 家 在 东 京。

⑫（图书馆里有漫画吗? Túshūguǎn li yǒu mànhuà ma? ／たくさんある）
　Túshūguǎn li yǒu hěn duō mànhuà.
　（图书馆 里）有 很 多 漫画。

⑬（你去过几次中国? Nǐ qùguo jǐ cì Zhōngguó? ／ 4 回）
　Zhōngguó wǒ qùguo sì cì.
　（中 国）我 去过 四 次。

🎧 **練習問題⑤**
C054

日本語を聞いて、中国語で言ってみましょう。

① （いつ来るか聞いてみましょう） Nǐ shénme shíhou lái ? 你 什么 时候 来？

② （故宮へどうやって行くか聞いてみましょう） Gùgōng zěnme zǒu ? 故宫 怎么 走？

③ （この餃子、どうやって作るか聞いてみましょう） Zhège jiǎozi zěnme zuò ? 这个 饺子 怎么 做？

④ （このペン、どこで買ったか聞いてみましょう） Zhè zhī bǐ, zài nǎr mǎi ? 这 支 笔，在 哪儿 买？

⑤ （これ、いくらか聞いてみましょう） Zhège duōshao qián ? 这个 多少 钱？

⑥ （トイレはどこか聞いてみましょう） Cèsuǒ zài nǎr ? 厕所 在 哪儿？

⑦ （ミスを犯してしまいました。どうしたらいいか聞いてみましょう） Zěnme bàn ? 怎么 办？

⑧ （医者に行きました。頭が痛いと伝えましょう） Wǒ tóu hěn téng. 我 头（很）疼。

⑨ （医者に行きました。お腹がとても痛いと伝えましょう） Wǒ dùzi hěn téng. 我 肚子（很）疼。

⑩ （薬が飲みたいと伝えましょう） Wǒ xiǎng chī yào. 我 想 吃药。

⑪ （友達にどこにいるか聞いてみましょう） Nǐ zài nǎr ? 你 在 哪儿？

④ペンなど、筆記具全般は "笔" と言います。

⑧、⑨一般的に形容詞の前には "很" などが付きますが、なぜか "头疼" "肚子疼" などのように身体部位＋ "疼" の場合にはつけないことが多いです。すでに決まった表現になっているのでしょう。

第13課

練習問題①

C055

"要" を使い、未来にする動作として表現しましょう。

① （この夏／アメリカに行って英語を勉強する）
Zhège xiàtiān yào qù Měiguó xuéxí Yīngyǔ.
这个 夏天 要 去 美国 学习 英语。

② （この日曜日／地下鉄で東京に行く）
Zhège xīngqītiān yào zuò dìtiě qù Dōngjīng.
这个 星期天 要 坐 地铁 去 东京。

③（明日／水泳に行く）
Míngtiān yào qù yóuyǒng.
明天 要 去 游泳。

④（今日の夜／彼に電話する）
Jīntiān wǎnshang yào gěi tā dǎ diànhuà.
今天 晚 上 要 给 他 打 电话。

すべて確定したこととして述べるのであれば、"要"なしでも言うことができます。"要"加わることによって、「〜しなきゃ」のニュアンスが加わります。

🎧 練習問題②
C056

練習問題①の表現を、「〜するべきだ」に変えて言ってみましょう。

①（この夏／アメリカに行って英語を勉強する）
Zhège xiàtiān yīnggāi qù Měiguó xuéxí Yīngyǔ.
这个 夏天 应该 去 美国 学习 英语。

②（この日曜日／地下鉄で東京に行く）
Zhège xīngqītiān yīnggāi zuò dìtiě qù Dōngjīng.
这个 星期天 应该 坐 地铁 去 东京。

③（明日／水泳に行く）
Míngtiān yīnggāi qù yóuyǒng.
明天 应该 去 游泳。

④（今日の夜／彼に電話する）
Jīntiān wǎnshang yīnggāi gěi tā diànhuà.
今天 晚 上 应该 给 他 电话。

🎧 練習問題③
C057

指定される語句を使って、進行中の動作を表現しましょう。
Wǒ zài tīng yīnyuè.
①（私／音楽を聴いている）我 在 听 音乐。
Wǒ de nǚpéngyou hái zài shuìjiào.
②（私のガールフレンド／まだ寝ている）我 的 女朋友 还 在 睡觉。
Hànyǔ lǎoshī zài mǎi dōngxi.
③（中国語教師／買い物）汉语 老师 在 买 东西。

練習問題④

C058

日本語を聞いて、中国語で言ってみましょう。

① （天気が悪い）<ruby>天气<rt>Tiānqì</rt></ruby> <ruby>不<rt>bù</rt></ruby> <ruby>好<rt>hǎo.</rt></ruby>。

② （空が暗くなった）<ruby>天<rt>Tiān</rt></ruby> <ruby>黑<rt>hēi</rt></ruby> <ruby>了<rt>le</rt></ruby>。

③ （先生が風邪をひいた、授業がなくなった）<ruby>老师<rt>Lǎoshī</rt></ruby> <ruby>感冒<rt>gǎnmào</rt></ruby> <ruby>了<rt>le</rt></ruby>，<ruby>没<rt>méi</rt></ruby> <ruby>有<rt>yǒu</rt></ruby> <ruby>课<rt>kè</rt></ruby> <ruby>了<rt>le</rt></ruby>。

④ （家に帰れることになった）<ruby>可以<rt>Kěyǐ</rt></ruby> <ruby>回家<rt>huíjiā</rt></ruby> <ruby>了<rt>le</rt></ruby>。

⑤ （これを買うなと伝えましょう）<ruby>不要<rt>Búyào</rt></ruby> <ruby>买<rt>mǎi</rt></ruby> <ruby>这个<rt>zhège.</rt></ruby>。

⑥ （真面目に勉強するべきだと言いましょう）<ruby>你<rt>Nǐ</rt></ruby> <ruby>应该<rt>yīnggāi</rt></ruby> <ruby>认真<rt>rènzhēn</rt></ruby> <ruby>学习<rt>xuéxí.</rt></ruby>。

第 14 課

練習問題①

C059

"为什么" を使って、理由を相手に聞いてみましょう。

① （本を読まなくなった理由）<ruby>你<rt>Nǐ</rt></ruby> <ruby>为<rt>wèi</rt></ruby> <ruby>什么<rt>shénme</rt></ruby> <ruby>不<rt>bú</rt></ruby> <ruby>看书<rt>kànshū</rt></ruby> <ruby>了<rt>le?</rt></ruby>？

② （携帯を使わない理由）<ruby>你<rt>Nǐ</rt></ruby> <ruby>为<rt>wèi</rt></ruby> <ruby>什么<rt>shénme</rt></ruby> <ruby>不<rt>bú</rt></ruby> <ruby>用<rt>yòng</rt></ruby> <ruby>手机<rt>shǒujī?</rt></ruby>？

③ （彼女を嫌いな理由）<ruby>你<rt>Nǐ</rt></ruby> <ruby>为<rt>wèi</rt></ruby> <ruby>什么<rt>shénme</rt></ruby> <ruby>不<rt>bù</rt></ruby> <ruby>喜欢<rt>xǐhuan</rt></ruby> <ruby>她<rt>tā?</rt></ruby>？

練習問題②

C060

"能" を使って、相手に丁寧にお願いしてみましょう。

① （彼女の電話番号を私に教える）<ruby>你<rt>Nǐ</rt></ruby> <ruby>能<rt>néng</rt></ruby> <ruby>告诉<rt>gàosu</rt></ruby> <ruby>我<rt>wǒ</rt></ruby> <ruby>她<rt>tā</rt></ruby> <ruby>的<rt>de</rt></ruby> <ruby>电话<rt>diànhuà</rt></ruby> <ruby>号码<rt>hàomǎ</rt></ruby> <ruby>吗<rt>ma?</rt></ruby>？

② （英語を私に教える）<ruby>你<rt>Nǐ</rt></ruby> <ruby>能<rt>néng</rt></ruby> <ruby>教<rt>jiāo</rt></ruby> <ruby>我<rt>wǒ</rt></ruby> <ruby>英语<rt>Yīngyǔ</rt></ruby> <ruby>吗<rt>ma?</rt></ruby>？

③ （私に辞書を買う）<ruby>你<rt>Nǐ</rt></ruby> <ruby>能<rt>néng</rt></ruby> <ruby>给<rt>gěi</rt></ruby> <ruby>我<rt>wǒ</rt></ruby> <ruby>买<rt>mǎi</rt></ruby> <ruby>词典<rt>cídiǎn</rt></ruby> <ruby>吗<rt>ma?</rt></ruby>？

練習問題③

C061

質問に指定された語句を使って答えましょう。

① （你住在哪儿？ Nǐ zhù zài nǎr? ／301号室です） 我 住 在 三 零 一。
Wǒ zhù zài sān líng yāo.

② （告诉我她的电话号码。Gàosu wǒ tā de diànhuà hàomǎ. ／39189900)

Sān jiǔ yāo bā jiǔ jiǔ líng líng.

🎧 練習問題④
C062

質問に中国語で答えましょう。

① （你会开车吗？ Nǐ huì kāichē ma?) 会。／不 会。
Huì.　Bú huì.

② （在日本喝酒以后能开车吗？ Zài Rìběn hē jiǔ yǐhòu néng kāichē ma?) 不 能 开车。
Bù néng kāichē.

③ （今天你能做饭吗？ Jīntiān nǐ néng zuò fàn ma?) 能。／不 能。
Néng.　Bù néng.

④ （道路上可以抽烟吗？ Dàolù shang kěyǐ chōuyān ma?) 不 可以。
Bù kěyǐ.

第15課
....

🎧 練習問題①
C063

指定される語句を使って比較の表現を作りましょう。

① （明日／今日／さらに暑い） 明 天 比 今 天 更 热。
Míngtiān bǐ jīntiān gèng rè.

② （アメリカ／中国／遠い） 美 国 比 中 国 远。
Měiguó bǐ Zhōngguó yuǎn.

③ （北京の夏／東京／涼しい） 北 京 的 夏 天 比 东 京 凉 快。
Běijīng de xiàtiān bǐ Dōngjīng liángkuai.

④ （東京の冬／ドイツ／ちょっと暖かい） 东 京 的 冬 天 比 德 国 暖 和 一点儿。
Dōngjīng de dōngtiān bǐ Déguó nuǎnhuo yìdiǎnr.

⑤ （中国語／英語／簡単） 汉 语 比 英 语 简 单。
Hànyǔ bǐ Yīngyǔ jiǎndān.

⑥ （英語を話す／英語を聞く／難しい） 说 英 语 比 听 英 语 难。
Shuō Yīngyǔ bǐ tīng Yīngyǔ nán.

🎧 練習問題②
C064

指定される語句を使って、今度は否定の比較の文を作りましょう。

① （これ／あれ／値段が高い） 这个 没有 那个 价格 贵。
Zhège méiyou nàge jiàgé guì.

② （バスに乗る／電車に乗る／速い） 坐 公交车 没有 坐 电车 快。
Zuò gōngjiāochē méiyou zuò diànchē kuài.

258

③ （この映画／あの映画／面白い） Zhè bù diànyǐng méiyou nà bù diànyǐng yǒu yìsi .
这 部 电影 没有 那 部 电影 有 意思。

練習問題③

C065

「あんなに」「こんなに」を使った表現を作りましょう。

① （あんなに大きい服） Nàme dà de yīfu
那么 大 的 衣服

② （あんなに大きい服／買いたくない） Nàme dà de yīfu bù xiǎng mǎi.
那么 大 的 衣服 不 想 买。

③ （あんなにおいしい餃子） Nàme hǎochī de jiǎozi
那么 好吃 的 饺子

④ （あんなにおいしい餃子／私は食べたことがない） Nàme hǎochī de jiǎozi wǒ méi chīguo.
那么 好吃 的 饺子 我 没 吃过。

⑤ （今日は天気がこんなに悪い） Jīntiān tiānqì zhème bù hǎo.
今天 天气 这么 不 好。

⑥ （今日はこんなに天気が悪いから、外出したくない）
Jīntiān tiānqì zhème bù hǎo, bù xiǎng chūqu.
今天 天气 这么 不 好，不 想 出去。

練習問題④

C066

「あのような」「このような」を使った表現を作りましょう。

① （あのような場所） nàyàng de dìfang
那样 的 地方

② （行ってみたい／あのような場所） Wǒ xiǎng qù nàyàng de dìfang.
我 想 去 那样 的 地方。

③ （このような服） zhèyàng de yīfu
这样 的 衣服

④ （来週買うつもり／このような服） Xià xīngqī dǎsuan mǎi zhèyàng de yīfu.
下 星期 打算 买 这样 的 衣服。

⑤ （私に買って／このような服） Gěi wǒ mǎi zhèyàng de yīfu .
给 我 买 这样 的 衣服。

⑥ （このような面白い映画） zhèyàng yǒu yìsi de diànyǐng
这样 有 意思 的 电影

⑦ （あなたは見るべき／このような面白い映画） Nǐ yīnggāi kàn zhèyàng yǒu yìsi de diànyǐng.
你 应该 看 这样 有 意思 的 电影。

第13課～第15課　総合練習問題

練習問題①

C067

日本語を聞いて、中国語で言ってみましょう。

① （友達と万里の長城に行く） Gēn péngyou　(yìqǐ)　qù Chángchéng.
跟 朋友 （一起） 去 长 城 。

② （来週の日曜日、友達と万里の長城に行くつもりだ）
Xià xīngqītiān yào gēn péngyou　(yìqǐ)　qù Chángchéng.
下 星期天 要 跟 朋友 （一起） 去 长 城 。

③ （彼に電話をしたい） Wǒ yào gěi tā dǎ diànhuà.
我 要 给 他 打 电话 。

④ （彼女はご飯を食べているところだ） Tā zài chīfàn.
她 在 吃饭.

⑤ （彼に電話をする必要はない） Búyòng gěi tā dǎ diànhuà.
不用 给 他 打 电话 。

⑥ （ご飯を食べるな） Búyào chīfàn.
不要 吃饭.

⑦ （今、彼と話をしているところだ） Xiànzài gēn tā shuōhuà　(ne).
现在 跟 他 说话 （呢）。

⑧ （大学では英語を頑張って勉強するべきだ） Zài dàxué yīnggāi nǔlì xuéxí Yīngyǔ.
在 大学 应该 努力 学习 英语 。

⑨ （彼は帰国した） Tā huí guó le.
他 回 国 了 。

⑩ （彼は帰国したはずだ（帰国したに違いない）） Tā yīnggāi huí guó le.
他 应该 回 国 了 。

🎧 練習問題②

C068

日本語を聞いて、中国語で言ってみましょう。

① （参加してもよい） Kěyǐ cānjiā.
可以 参加 。

② （今日は泳げる）（"可以"を使って） Jīntiān kěyǐ yóuyǒng.
今天 可以 游泳 。

③ （あなたは私の家に来てもいい） Nǐ kěyǐ lái wǒ jiā.
你 可以 来 我 家 。

④ （私たちはみな中国語を話せる） Wǒmen dōu huì shuō Hànyǔ.
我们 都 会 说 汉语 。

⑤ （私は車を運転できる） Wǒ huì kāichē.
我 会 开车 。

⑥ （あなたはもうお酒を飲んだから、） Nǐ yǐjīng hē jiǔ le,
你 已经 喝 酒 了,

⑦ （車の運転をしてはいけない） Bù néng kāichē.
不 能 开车 。

⑧ （私に英語を教える） Jiāo wǒ Yīngyǔ.
教 我 英语 。

⑨ （私に英語を教えてくれませんか？） Nǐ néng jiāo wǒ Yīngyǔ ma?
你 能 教 我 英语 吗?

⑩ （彼に私の電話番号を教える） Gàosu tā wǒ de diànhuà hàomǎ.
告诉 他 我 的 电话 号码 。

⑪ （私は彼に私の電話番号を教えたい） Wǒ xiǎng gàosu tā wǒ de diànhuà hàomǎ.
我 想 告诉 他 我 的 电话 号码 。

練習問題③

C069

日本語を聞いて、中国語で言ってみましょう。

① （明日本当に試験がある） 明天 真 的 有 考试。
Míngtiān zhēn de yǒu kǎoshì.

② （明日試験があるかもしれない） 明天 可能 有 考试。
Míngtiān kěnéng yǒu kǎoshì.

③ （私こそ大学生だ） 我 就 是 大学生。
Wǒ jiù shì dàxuéshēng.

④ （早く話せ） 快 说 （吧）！
Kuài shuō (ba) !

⑤ （天気が悪い） 天气 不 好。
Tiānqì bù hǎo.

⑥ （マリーは来なくなった） 玛丽 不 来 了。
Mǎlì bù lái le.

⑦ （彼も大学生になった） 他 也 大学生 了。
Tā yě dàxuéshēng le.

練習問題④

C070

日本語を聞いて、中国語で言ってみましょう。

① （明日は今日よりさらに暑い） 明天 比 今天 更 热。
Míngtiān bǐ jīntiān gèng rè.

② （彼女は私より背が高い） 他 比 我 高。
Tā bǐ wǒ gāo.

③ （彼女は私よりきれいだ） 她 比 我 漂亮。
Tā bǐ wǒ piàoliang.

④ （図書館は学校より遠い） 图书馆 比 学校 远。
Túshūguǎn bǐ xuéxiào yuǎn.

練習問題⑤

C071

日本語を聞いて、中国語で言ってみましょう。

① （まもなく出発だと言いましょう） 马上 就 要 出发 了。
Mǎshàng jiù yào chūfā le.

② （東京は北京ほど寒くないと言いましょう） 东京 没有 北京 （那么） 冷。
Dōngjīng méiyou Běijīng nà me lěng.

③ （すみませんと謝りましょう） 不 好 意思。
Bù hǎo yìsi.

④ （いつ起きたのか聞きましょう） 你 什么 时候 起来？
Nǐ shénme shíhou qǐlái?

⑤ （北京ではどうやって電話するか聞きましょう） 在 北京 怎么 打 电话？
Zài Běijīng zěnme dǎ diànhuà?

⑥ （どこで買えるか聞きましょう） 在 哪儿 可以 买？
Zài nǎr kěyǐ mǎi?

⑦（今何時か聞きましょう）现在 几 点？
Xiànzài jǐ diǎn?

⑧（何個買いたいか聞きましょう）你 要 买 几 个？
Nǐ yào mǎi jǐ ge ?

⑨（どこに住んでいるか聞きましょう）你 住在 哪儿？
Nǐ zhùzài nǎr?

第 16 課

練習問題①

C072

質問に指定された語句を使って答えましょう。

①（他说得怎么样？ Tā shuōde zěnmeyàng?／ちょっと速い）他 说得 有点儿 快。
Tā shuōde yǒudiǎnr kuài.

②（他中文说得怎么样？ Tā Zhōngwén shuōde zěnmeyàng?／わりとうまい）
他 中 文 说得 比较 好。
Tā Zhōngwén shuōde bǐjiào hǎo.

③（你昨天考试考得怎么样？ Nǐ zuótiān kǎoshì kǎode zěnmeyàng?／まあまあ）
我 考试 考得 还 可以。
Wǒ kǎoshì kǎode hái kěyǐ .

④（他昨天来了吗？ Tā zuótiān lái le ma?／来たけれども、来たのが遅かった）
来 了，但是 来得 太 晚 了。
Lái le , dànshì láide tài wǎn le .

⑤（昨天睡得怎么样？ Zuótiān shuìde zěnmeyàng?／よく眠れた）睡得 很 好。
Shuìde hěn hǎo.

練習問題②

C073

レストランを想定して、質問に指定された語句を使って答えましょう。

①（您几位？ Nín jǐ wèi?／3人）三 位。
Sān wèi.

②（你点什么？ Nǐ diǎn shénme?／青菜炒めと北京ダック）炒青菜 和 北京 烤鸭。
Chǎoqīngcài hé Běijīng kǎoyā.

③（需要什么饮料吗？ Xūyào shénme yǐnliào ma?／1杯の水をください）
给 我 一 杯 水。
Gěi wǒ yì bēi shuǐ.

④（菜齐了吗？ Cài qí le ma?／まだです）还 没有。
Hái méiyou.

⑤（你最喜欢吃什么？ Nǐ zuì xǐhuan chī shénme?／チンジャオロース）
我 最 喜欢 吃 青 椒 肉丝。
Wǒ zuì xǐhuan chī qīngjiāo ròusī .

練習問題③

C074

レストランを想定して、日本語を聞いて、中国語で言ってみましょう。

① （3瓶のコーラが欲しいことを伝える）我 要 三 瓶 可乐。
Wǒ yào sān píng kělè.

② （米（ご飯）が欲しいことを伝える）我 要 米饭。
Wǒ yào mǐfàn.

③ （トイレの場所を訊ねる）厕所 在 哪儿？
Cèsuǒ zài nǎr?

④ （何かお勧めがあるか聞く）有 什么 推荐 的 吗？
Yǒu shénme tuījiàn de ma?

練習問題④

C075

日本語を聞いて、中国語で言ってみましょう。

① （これは最もおいしい料理だ）这 是 最 好吃 的 菜。
Zhè shì zuì hǎochī de cài.

② （これは東京で最もおいしい料理だ）这 是 东京 最 好吃 的 菜。
Zhè shì Dōngjīng zuì hǎochī de cài.

③ （中国語は、彼が話すのが最もうまい）汉语，他 说得 最 好。
Hànyǔ, tā shuōde zuì hǎo.

④ （彼女が最もきれいだ）她 最 漂亮。
Tā zuì piàoliang.

⑤ （最もおいしい料理がまだ来ていない）最 好吃 的 菜 还 没 来。
Zuì hǎochī de cài hái méi lái.

第 17 課

練習問題①

C076

日本語を聞いて、中国語で言ってみましょう。

① （出てくる）出来
chūlai

② （教室から出てくる）从 教室 出来
cóng jiàoshì chūlai

③ （入っていく）进去
jìnqu

④ （教室に入っていく）进 教室 去
jìn jiàoshì qù

⑤ （帰っていく）回去
huíqu

⑥ （家に帰っていく）回家 去
huí jiā qù

⑦ （いつ帰ってくるのか）什么 时候 回来？
Shénme shíhou huílai?

⑧（出ていく）<ruby>出去<rt>chūqu</rt></ruby>

⑨（歩いて出ていく）<ruby>走 出去<rt>zǒu chuqu</rt></ruby>

⑩（上がってくる）<ruby>上 来<rt>shànglai</rt></ruby>

⑪（先生が走って上がってきた）<ruby>老师 跑 上 来 了。<rt>Lǎoshī pǎo shànglai le.</rt></ruby>

⑫（下りていく）<ruby>下去<rt>xiàqu</rt></ruby>

⑬（歩いて下りていく）<ruby>走 下去<rt>zǒu xiaqu</rt></ruby>

⑭（立ち上がる）<ruby>站 起来<rt>zhàn qilai</rt></ruby>

⑮（座る）<ruby>坐下<rt>zuòxia</rt></ruby>

⑯（おなかが痛くなる）<ruby>肚子 疼 起来<rt>dùzi téng qilai</rt></ruby>

⑰（眠くなった）<ruby>困 起来 了<rt>kùn qilai le</rt></ruby>

🎧 練習問題②

C077

日本語を聞いて、中国語で言ってみましょう。

①（頭が痛いとき）<ruby>头 疼 的 时候<rt>tóu téng de shíhou</rt></ruby>

②（頭が痛いときは、この薬を飲みなさい）<ruby>头 疼 的 时候, 吃 这个 药。<rt>Tóu téng de shíhou, chī zhège yào.</rt></ruby>

③（家に帰るとき）<ruby>回家 的 时候<rt>huí jiā de shíhou</rt></ruby>

④（家に帰るとき、財布をなくした）<ruby>回家 的 时候, 丢了 钱包。<rt>Huí jiā de shíhou, diūle qiánbāo.</rt></ruby>

⑤（中国にいたとき）<ruby>在 中 国 的 时候<rt>zài Zhōngguó de shíhou</rt></ruby>

⑥（中国にいたとき、毎日テレビドラマを見た）
<ruby>在 中 国 的 时候, 每天 看 电视剧。<rt>Zài Zhōngguó de shíhou, měitiān kàn diànshìjù.</rt></ruby>

🎧 練習問題③

C078

日本語を聞いて「～なら、～する」という表現を作りましょう。

①（明日天気がいいなら、買い物に行く）<ruby>明 天 天气 好, 就 去 买 东西。<rt>Míngtiān tiānqì hǎo, jiù qù mǎi dōngxi.</rt></ruby>

②（ご飯を食べたら、すぐに宿題をする）<ruby>吃了 饭, 马上 就 做 作业。<rt>Chīle fàn, mǎshàng jiù zuò zuòyè.</rt></ruby>

第18課

🎧 **練習問題①**

質問に指定された語句を使って答えましょう。

① (你作业做完了吗? Nǐ zuòyè zuòwán le ma? ／まもなく終わる)
Mǎshàng   jiù   zuòwán.
马 上 (就) 做完。

② (你汉语学会了吗? Nǐ Hànyǔ xuéhuì le ma? ／まだです)
Hái méi xuéhuì.
还 没 学会。

③ (我说的电视剧，你看到了吗? Wǒ shuō de diànshìjù, nǐ kàndào le ma? ／
Qiántiān kàndào le .
おととい見た) 前 天 看到 了。

④ (他现在在哪儿? Tā xiànzài zài nǎr? ／もう日本に帰った。"到"を使って)
Yǐjīng huídào Rìběn.
已经 回到 日本。

⑤ (老师说的话，你听懂了吗? Lǎoshī shuō de huà, nǐ tīngdǒng le ma? ／
Shuōde tài kuài le , wǒ méi tīngdǒng.
話すのが早すぎて、聞き取れなかった) 说得 太 快 了，我 没 听 懂。

⑥ (从哪儿能看见东京塔? Cóng nǎr néng kànjiàn Dōngjīngtǎ? ／私の大学から見える)
Cóng wǒ dàxué néng kànjiàn.
从 我 大学 能 看见。

⑦ (你丢的钱包找到了吗? Nǐ diū de qiánbāo zhǎodào le ma? ／駅で見つかった)
Zài chēzhàn zhǎodào le.
在 车 站 找 到 了。

🎧 **練習問題②**

次に流れる文に、後から流れてくる副詞を入れて、全文を言ってみましょう。
Nàge rén gāogaoxìngxìng de gōngzuò.
① (那个人工作。Nàge rén gōngzuò. ／嬉しそうに) 那个 人 高高兴兴 地 工作。

② (我去年学习汉语。Wǒ qùnián xuéxí Hànyǔ. ／頑張って)
Wǒ qùnián nǔlì de xuéxí Hànyǔ.
我 去年 努力 (地) 学习 汉语。

第16課～第18課　総合練習問題

C081

指定される語句と"得"を使って表現を完成させましょう。

Tā zǒude bǐjiào màn.
① （彼／歩く／比較的遅い）他 走得 比较 慢。

Zhōngguórén yìbān shuōde hěn kuài.
② （中国人／普通／話す／とても速い）中 国 人 一般 说得 很 快。

Rìběn dàxuéshēng qǐláide hěn wǎn.
③ （日本人大学生／起きる／遅い）日本 大学生 起来得 很 晚。

Tā (zuò) zuòyè zuòde hěn hǎo.
④ （彼／宿題をする／よい）他 （做） 作业 做得 很 好。

Wǒ zǒude kuài yìdiǎnr.
⑤ （私／歩く／ちょっと速い）我 走得 快 一点儿。

Tā jīngcháng chīde hěn duō.
⑥ （彼／いつも／食べる／とても多い）他 经 常 吃得 很 多。

Wǒ shuō Hànyǔ shuōde hái kěyǐ.
⑦ （私／中国語を話す／まあまあだ）我 （说）汉语 说得 还 可以。

Nǐ chīde hěn shǎo.
⑧ （あなた／食べる／少ない）你 吃得 很 少。

練習問題②

C082

指定される語句と方向補語を使って表現を完成させましょう。

Nǐ xiān zuòxia.
① （あなた／まず座る）你 先 坐下。

Zuòyè dàilai le .
② （宿題／持ってきた）作业 带来 了。

jìnqu
③ （入っていく）进去

Lǎoshī jìnlai le .
④ （先生が入ってきた）老师 进来 了。

Lǎoshī kuài jìnlai le . Lǎoshī mǎshàng jìnlai .
⑤ （先生がまもなく入ってくる）老师 快 进来 了。（老师 马上 进来。）

huí lai
⑥ （帰ってくる）回来

Māma huílai le .
⑦ （母が帰ってきた）妈妈 回来 了。

Bàba hái méi huílai .
⑧ （父はまだ帰ってきていない）爸爸 还 没 回来。

Tā zǒu chulai le .
⑨ （彼が歩いて出てきた）他 走 出来 了。

Dùzi téng qilai le .
⑩ （お腹が痛くなった）肚子 疼 起来 了。

Shàngkè de shíhou, dùzi téng qilai le .
⑪ （授業の時にお腹が痛くなった）上 课 的 时候，肚子 疼 起来 了。

266

⑫（眠くなった）<ruby>困<rt>Kùn</rt></ruby> <ruby>起来<rt>qilai</rt></ruby> <ruby>了<rt>le</rt></ruby>。

🎧 練習問題③
C083

指定される語句と結果補語を使って表現を完成させましょう。

① （富士山が見えた）<ruby>看见<rt>Kànjiàn</rt></ruby> <ruby>了<rt>le</rt></ruby> <ruby>富士山<rt>Fùshìshān</rt></ruby>。

② （私の家から富士山が見えた）
<ruby>从<rt>Cóng</rt></ruby> <ruby>我<rt>wǒ</rt></ruby> <ruby>家<rt>jiā</rt></ruby> <ruby>看见<rt>kànjiàn</rt></ruby> <ruby>富士山<rt>Fùshìshān</rt></ruby> <ruby>了<rt>le</rt></ruby>。

③ （読み終えた）<ruby>看完<rt>Kànwán</rt></ruby> <ruby>了<rt>le</rt></ruby>。

④ （あの小説もう読み終えた）<ruby>那个<rt>Nàge</rt></ruby> <ruby>小说<rt>xiǎoshuō</rt></ruby> <ruby>看完<rt>kànwán</rt></ruby> <ruby>了<rt>le</rt></ruby>。

⑤ （第3課／学び終わった）<ruby>第三课<rt>Dì sān kè</rt></ruby> <ruby>学完<rt>xuéwán</rt></ruby> <ruby>了<rt>le</rt></ruby>。

⑥ （マスターした）<ruby>学会<rt>xuéhuì</rt></ruby> <ruby>了<rt>le</rt></ruby>

⑦ （前回の内容／マスターした）<ruby>上次<rt>Shàng cì</rt></ruby> <ruby>的<rt>de</rt></ruby> <ruby>内容<rt>nèiróng</rt></ruby> <ruby>学会<rt>xuéhuì</rt></ruby> <ruby>了<rt>le</rt></ruby>。

⑧ （お腹がいっぱいになった）<ruby>吃饱<rt>Chībǎo</rt></ruby> <ruby>了<rt>le</rt></ruby>。

⑨ （仕事見つかりましたか？）<ruby>工作<rt>Gōngzuò</rt></ruby> <ruby>找到<rt>zhǎodào</rt></ruby> <ruby>了<rt>le</rt></ruby> <ruby>吗<rt>ma</rt></ruby>？

①は "我看见富士山了。"、②は "从我家看见了富士山。"とも言います。どちらでもあまりかわりません。

「私の家」は "我家" と言うのが普通です。"的" はいりません。

🎧 練習問題④
C084

日本語を聞いて、中国語で言ってみましょう。

① （何名様か聞く）<ruby>您<rt>Nín</rt></ruby> <ruby>几<rt>jǐ</rt></ruby> <ruby>位<rt>wèi</rt></ruby>？

② （お勧めがあるか聞く）<ruby>有<rt>Yǒu</rt></ruby> <ruby>什么<rt>shénme</rt></ruby> <ruby>推荐<rt>tuījiàn</rt></ruby> <ruby>的<rt>de</rt></ruby> <ruby>吗<rt>ma</rt></ruby>？

③ （ゆっくり話してくれと頼む）<ruby>请<rt>Qǐng</rt></ruby> <ruby>慢慢儿<rt>mànmānr</rt></ruby> <ruby>说<rt>shuō</rt></ruby>。

④ （ビール2本頼む）<ruby>来<rt>Lái</rt></ruby> <ruby>两<rt>liǎng</rt></ruby> <ruby>瓶<rt>píng</rt></ruby> <ruby>啤酒<rt>píjiǔ</rt></ruby>。

Míngtiān kěnéng xià yǔ.　Míngtiān huì xià yǔ.
⑤（明日は雨かもしれない）明天 可能 下雨。（明天 会 下雨。）
Bié kū le.　Búyào kū le.
⑥（泣くな、と伝える）别 哭 了。（不要 哭 了。）
Tā gāogaoxìngxing de xuéxí.
⑦（彼が嬉しそうに勉強している）他 高高兴兴 地 学习。

第 19 課

🎧 練習問題①
C085

指定される語句を使って"把"を用いた表現を作りましょう。

Bǎ shǒujī fàngzài zhuōzi shang.
①（携帯電話／机の上に置く）把 手机 放在 桌子 上 。

Bǎ lǎoshī xiě de shū màigěi wǒ.
②（先生の書いた本／私に売る）把 老师 写 的 书 卖给 我。

Bǎ mǎilai de dōngxi nádào zhuōzi shang.
③（買ってきたもの／机の上に持っていく）把 买来 的 东西 拿到 桌子 上 。

Bǎ bīngxiāng li de bīngqílín dōu chīwán le.
④（冷蔵庫の中のアイス／みんな食べきった）把 冰箱 里的 冰淇淋 都 吃完 了。

Tā zuótiān bǎ bīngxiāng li de bīngqílín dōu chīwán le.
⑤（④の文に「彼は昨日」をつけて）他 昨天 把 冰箱 里的 冰淇淋 都 吃完 了。

🎧 練習問題②
C086

指定される語句を使って"被"を用いた表現を作りましょう。

Wǒ de zìxíngchē bèi rén tōuzǒu le.
①（私の自転車／人／盗んで行かれた）我 的 自行车 被 人 偷走 了。

Bèi tā kàn le.
②（彼に見られた）被 他 看 了。

Wǒ de diànnǎo bèi bàba nònghuài le.
③（私のパソコン／お父さん／壊された）我 的 电脑 被 爸爸 弄坏 了。

🎧 練習問題③
C087

質問に指定された語句を使って答えましょう。

Qǐ de lái.
①（你早上五点起得来吗? Nǐ zǎoshang wǔ diǎn qǐ de lái ma? ／起きられる）起 得 来。

Zhǎo bu dào.
②（钱包找到了吗? Qiánbāo zhǎodào le ma? ／見つからない）找 不 到。

③（从你家看得见万里长城吗? Cóng nǐ jiā kànde jiàn Wànlǐ Chángchéng ma? ／
Dāngrán kàn bu jiàn.
もちろん見えない）当然 看 不 见。

268

④（请把我的行李拿到二楼。Qǐng bǎ wǒ de xíngli nádào èr lóu. ／

Tài zhòng le, ná bu shàngqu.
重すぎて、持って上がれない）太 重 了，拿不 上 去。

⑤（星期天北京大学能进去吗? Xīngqītiān Běijīng dàxué néng jìnqu ma? ／

Jìn bu qù.
入っていけない）进 不 去。

⑥（你听得懂汉语吗? Nǐ tīngde dǒng Hànyǔ ma? ／わかります、わかりません）

Tīngde dǒng.　　Tīng bu dǒng.
听得 懂。／听 不 懂。

④日本語の感覚だと、「持って上がる」は"拿上"になりそうですが、中国語

では動作を細かく表現するので、「持って上がっていく」まできちんと言うため、

"拿上去"となり、これを可能補語にすると"拿不上去"となります。

第20課

練習問題①

C088

日本語を聞いて、"着"を使った中国語で言ってみましょう。

názhe píngguǒ de rén
① （リンゴを持っている人）拿着 苹 果 的 人

Názhe píngguǒ de rén shì shéi?
② （リンゴを持っている人は誰ですか?）拿着 苹 果 的 人 是 谁?

Zài nàr názhe píngguǒ de rén shì shéi?
③ （あそこでリンゴを持っている人は誰ですか?）在 那儿 拿着 苹 果 的 人 是 谁?

dàizhe yǎnjìng
④ （眼鏡をしている）戴着 眼镜

Nǐ bàba dàizhe yǎnjìng ma?
⑤ （あなたのお父さんは眼鏡をしていますか?）你 爸爸 戴着 眼镜 吗?

chuānzhe chènshān
⑥ （シャツを着ている）穿 着 衬 衫

Wǒ gēge jīntiān chuānzhe chènshān.
⑦ （私の兄は今日シャツを着ている）我 哥哥 今天 穿 着 衬 衫。

Chuānghu kāizhe.
⑧ （窓が開いている）窗 户 开着。

指定される語句を空欄にあてはめて文を作りましょう。

A	動詞	B

① (私の家／来た／たくさんの人)
Wǒ jiā láile hěn duō rén.
我 家 来了 很 多 人。

② (①の文に「昨日」をつけて)
Zuótiān wǒ jiā láile hěn duō rén.
昨天 我 家 来了 很 多 人。

③ (壁／かかっている／帽子)
Qiángshang guàzhe màozi.
墙 上 挂着 帽子。

④ (机の上／置いてある／たくさんの本)
Zhuōzi shang fàngzhe hěn duō shū.
桌子 上 放着 很 多 书。

⑤ (前／来る／1台の車)
Qiánmian láile yí liàng chē.
前 面 来了 一 辆 车。

⑥ (入り口／出てくる／たくさんの人)
Ménkǒu chūlaile hěn duō rén.
门 口 出来了 很 多 人。

質問に指定される語句を使って"是～的"構文を用いて答えましょう。

① (你是什么时候回来的? Nǐ shì shénme shíhou huílai de? ／去年)
Wǒ shì qùnián huílai de.
我 是 去年 回来 的。

② (你是在哪儿学的? Nǐ shì zài nǎr xué de? ／北京で勉強した)
Wǒ shì zài Běijīng xué de.
我 是 在 北京 学 的。

③ (你是怎么来的? Nǐ shì zěnme lái de? ／飛行機で来た)
Wǒ shì zuò fēijī lái de.
我 是 坐 飞机 来 的。

第 21 課

質問に指定された語句を使って答えましょう。

① (你结过婚吗? Nǐ jiéguo hūn ma? ／ない)
Méi jiéguo hūn.
没 结过 (婚)。

② (谁帮你的忙? Shéi bāng nǐ de máng? ／彼)
Tā bāng wǒ de máng.
他 帮 我 (的 忙)。

③（你什么时候从大学毕业？ Nǐ shénme shíhou cóng dàxué bìyè? ／この３月）
Zhège sān yuè.
这个 三 月。

練習問題②
C092

指定される語句を使って、使役の文を完成させましょう。
Ràng tā qù mǎi dōngxi.
① （彼に買い物に行かせる）**让 他 去 买 东西。**
Lǎoshī ràng tā qù mǎi dōngxi.
② （先生が彼に買い物に行かせる）**老师 让 他 去 买 东西。**
Ràng wǒ chūqu.
③ （私を出て行かせる）**让 我 出去。**
Ràng háizi wánr.
④ （子供に遊ばせる）**让 孩子 玩儿。**

練習問題③
C093

指定される語句と"如果～就"を使って、仮定の表現を作りましょう。
Rúguǒ nǔlì xuéxí, jiù néng kǎoshàng dàxué.
① （頑張って勉強すれば、大学に受かる）**如果 努力 学习，就 能 考 上 大学。**

② （もし明日雨が降ったら、映画を見に行かない）
Rúguǒ míngtiān xià yǔ, jiù bú qù kàn diànyǐng.
如果 明天 下雨，就 不 去 看 电影。

③ （もし宿題が終わったら、私は遊びに出かける）
Rúguǒ zuò wánle zuòyè, wǒ jiù chūqu wánr. Rúguǒ zuòyè zuò wánle,
如果 做 完了 作业，我 就 出去 玩儿。（如果 作业 做 完了，でも可）

第19課～第21課　総合練習問題

練習問題①
C094

日本語を聞いて"被"を使った中国語で言ってみましょう。
Bèi tā kànjiàn le.
① （彼に見られた）（"看见"を使って）**被 他 看见 了。**
Wǒ de qiánbāo bèi tōu le.
② （私の財布が盗まれた）**我 的 钱包 被 偷 了。**

③（私が中国にいたとき、私の財布が盗まれた）

Wǒ zài Zhōngguó de shíhou, wǒ de qiánbāo bèi tōu le.
我 在 中 国 的时候，我 的 钱包 被 偷 了。

④（私のパソコンが彼に壊された）
Wǒ de diànnǎo bèi tā nònghuài le.
我 的 电脑 被 他 弄坏 了。

⑤（私の服が先生に濡らされた）
Wǒ de yīfu bèi lǎoshī nòngshī le.
我 的 衣服 被 老师 弄湿 了。

🎧 練習問題②
C095

日本語を聞いて"让"を使った中国語で言ってみましょう。

①（私に出ていかせて）
Ràng wǒ chūqu.
让 我 出去。

②（彼に買い物をさせる）
Ràng tā mǎi dōngxi.
让 他 买 东西。

③（私に眠らせて）
Ràng wǒ shuìjiào.
让 我 睡觉。

④（先生が学生に本を読ませる）
Lǎoshī ràng xuésheng kàn shū.
老师 让 学 生 看 书。

⑤（学生を帰らせられない）
Bùnéng ràng xuésheng huíqu.
不能 让 学 生 回去。

⑥（電車が無くなり、学生を帰らせられない）

Diànchē méi yǒu le, bù néng ràng xuésheng huíqu.
电车 没 有 了，不 能 让 学 生 回去。

⑦（学生を中国に行かせる）
Ràng xuésheng qù Zhōngguó.
让 学 生 去 中 国。

⑧（中国語をマスターさせるために　学生を中国に行かせるべきだ。）

Wèile xuéhuì Hànyǔ, yīnggāi ràng xuésheng qù Zhōngguó.
为了 学会 汉语，应该 让 学 生 去 中 国。

🎧 練習問題③
C096

日本語を聞いて"把"構文を使った中国語で言ってみましょう。

①（チケットを売り終えた）
Bǎ piào màiwán le.
把 票 卖完 了。

②（テレビを買って帰ってきた）
Bǎ diànshìjī mǎi huílai le.
把 电视机 买 回来 了。

③（とても大きなテレビを買って帰ってきた）
Bǎ hěn dà de diànshìjī mǎi huílai le.
把 很 大 的 电视机 买 回来 了。

④（日本からとても大きなテレビを買って帰ってきた）

Cóng Rìběn bǎ hěn dà de diànshìjī mǎi huílai le.
从 日本 把 很 大 的 电视机 买 回来 了。

Bǎ kèběn fàngzài zhuōzi shang.
⑤（教科書を机の上に置く）把 课本 放在 桌子 上。

Bǎ shūbāo fàngzài zhuōzi xia.
⑥（カバンを机の下に置く）把 书包 放在 桌子 下。

Búyào bǎ shūbāo fàngzài zhuōzi shang.
⑦（カバンを机の上に置くな）不要 把 书包 放在 桌子 上。

Bié bǎ shūbāo fàngzài zhuōzi shang.
（别 把 书包 放在 桌子 上。）

🎧 練習問題④

C097

日本語を聞いて可能補語を使った中国語で言ってみましょう。

Wǒ tīng bu dǒng.
①（私は聞き取れない）我 听 不 懂。

Mài bu wán.
②（売り切れない）卖 不 完。

Chī bu wán.
③（食べきれない）吃 不 完。

Nǐ diǎn de cài tài duō le，chī bu wán.
④（あなたの注文した料理が多すぎて食べきれない）你 点 的 菜 太 多 了，吃 不 完。

Tā xiě de xiǎoshuō kàn bu dǒng.
⑤（彼の書いた小説、読んでわからない）他 写 的 小说 看 不 懂。

Nǐ Yīngyǔ tīngde dǒng ma?
⑥（あなたは英語は聞いてわかりますか）你 英语 听得 懂 吗?

Nǐ tīngde dǒng Yīngyǔ ma?
（你 听得 懂 英语 吗?）

Jìn bu qù.
⑦（入っていけない）进 不 去。

Huí bu qù.
⑧（帰っていけない）回 不 去。

🎧 練習問題⑤

C098

指定された語句を使って存現文を作りましょう。

Hēibǎn shang xiězhe hěn duō Hànzì.
①（黒板の上／書いてある／たくさんの漢字）黑板 上 写着 很 多 汉字。

Qiánmian láile yí liàng chē.
②（前から／来た／1台の車）前 面 来了 一 辆 车。

Ménkǒu chūláile sān ge rén.
③（入り口／出てくる／3人の人）门 口 出来了 三 个 人。

Fángjiān li fàngzhe liǎng píng kělè.
④（部屋の中／置いてある／2瓶のコーラ）房间 里 放着 两 瓶 可乐。

Jiā li láile hěn duō kèrén.
⑤（家の中／来る／たくさんの客）家 里 来了 很 多 客人。

中国語索引

277

279

Z

日本語索引

著者略歴

橋本陽介（はしもと ようすけ）
1982 年埼玉県生まれ。慶應義塾志木高等学校卒業。慶應義塾大学
大学院文学研究科中国文学専攻博士課程単位取得。博士（文学）。
専門は、中国語を中心とした文体論、テクスト言語学。現在、お茶
の水女子大学基幹研究院助教。

吹き込み

胡興智、李軼倫、謝辰

中国語実況講義〔音声ダウンロード方式〕
（ちゅうごくごじっきょうこうぎ）

2020 年 4 月 30 日　初版第 1 刷発行
2023 年 3 月 20 日　初版第 2 刷発行

著　者●橋本陽介
発行者●間宮伸典
発行所●株式会社東方書店
　　　　東京都千代田区神田神保町 1-3　〒 101-0051
　　　　電話 (03)3294-1001　営業電話 (03)3937-0300
レイアウト・装幀●大田真一郎
印　　刷●シナノパブリッシングプレス
音声製作●中録新社

※定価はカバーに表示してあります